黄河形象的建构与变迁

以《人民日报》黄河报道为例

THE IMAGE CONSTRUCTION AND CHANGE OF
THE YELLOW RIVER
A CASE STUDY OF *PEOPLE'S DAILY*

张一真 著

社会科学文献出版社
SOCIAL SCIENCES ACADEMIC PRESS (CHINA)

前　言

黄河孕育了华夏文明，是公认的中华民族的"母亲河"。从 1948 年创刊到 2023 年，《人民日报》对黄河的报道坚持按照不同时期国家需求建构不同的黄河形象。75 年来《人民日报》的黄河报道视角更加多元，层次更加多样，着眼不同历史时期治黄主要矛盾，将黄河报道不断推向新高度。

75 年间，黄河形象也在不断变迁，黄河形象从具体意象逐渐延伸至抽象意象。根据不同时期的政治诉求，党报建构的黄河形象从"母亲河"逐渐成为"战斗堡垒"，再到成为目前的"幸福河"。同时，报道方式也有了变化，从纵论世界向专注中国转变，从聚焦时代要求向历史与当代并重转变，从体现黄河的功能性向体现黄河的精神性转变。

战争时期，《人民日报》以隐喻、象征等手法反映黄河的战争、自然灾害等内容，以"河防即国防""渡黄河"的意象强化黄河象征意蕴，强调中华民族的存亡与黄河之间的关系，从而彰显民族情感，加深民族认同。和平时期，《人民日报》将黄河塑造成中华文明的象征，不同时期的黄河形象具有整体性、综合性和关联性，其关联的根源是中华文明中特有的、不屈不挠的抗争精神，因此黄河形象成为中华文明的重要组成部分，成为实现中华民族永续发展的内在指征。

黄河形象变迁的底层逻辑来源于中国共产党黄河治理思想的变迁、科学性观念的实时更新、人民性意识的坚决巩固。当前推动黄河流域生态保护和高质量发展的重大战略决策，体现出中国共产党大江大河治理思想达到新的战略高度。

目 录

绪 论 ·· 1

第一章 《人民日报》黄河报道的话题建构与传承
　　　 （1948—1957） ································ 14
　第一节 《人民日报》对黄河报道的话题建构 ········ 14
　第二节 正确的政绩观："黄河问题是全国人民
　　　　 所关心的" ································ 20
　第三节 注重治河与政治的关系："技术要为政治
　　　　 服务，为人民服务" ························ 27
　第四节 保护与开发的关系："利用黄河的资源，
　　　　 满足社会主义建设的需要" ·················· 32

第二章 作为文化传承的黄河：改革开放前的报道
　　　 （1958—1976） ································ 40
　第一节 1958—1976年报道主题与特征分析 ·········· 40
　第二节 跟踪式报道：黄河防汛工作的分析 ·········· 44
　第三节 "驯服"黄河：黄河工程的报道分析 ········ 48
　第四节 使黄河造福群众：黄河利益报道分析 ········ 54
　第五节 中华民族的重要象征：黄河形象的深化 ······ 60

第三章 作为资源开发的黄河：21世纪之前的报道（1977—1999） ·················· 66

第一节 利用好黄河水资源 ·················· 68
第二节 治理好黄河水害 ·················· 74
第三节 保护好黄河生态环境 ·················· 81
第四节 建构好黄河精神 ·················· 83

第四章 作为生存基础的黄河：进入21世纪后的报道（2000—2012） ·················· 94

第一节 报道主题：从黄河三角洲的开发到可持续发展的转向 ·················· 97
第二节 报道内容：黄河的可持续发展 ·················· 101
第三节 报道方式：黄河灾难报道温情化 ·················· 105
第四节 黄河文化塑造：黄河文化报道立体化 ·················· 112
第五节 关注黄河立法：黄河法制报道的出现 ·················· 117

第五章 造福人民的幸福河：黄河发展战略提出以来的报道（2013—2023） ·················· 120

第一节 黄河开发报道的多样性：跳出黄河看黄河 ·················· 122
第二节 生态报道的主题转向：黄河可持续发展 ·················· 128
第三节 问题报道的变化：正面宣传与舆论监督有机统一 ·················· 133
第四节 文化报道的发展：利用黄河文化讲好中国故事 ·················· 136
第五节 政策报道的稳定：推进黄河流域生态保护和高质量发展 ·················· 142

第六章 党报视角下黄河形象的变迁与发展 …… 146
第一节 黄河形象的变迁 …… 146
第二节 黄河报道议题的变化 …… 165
第三节 黄河报道编辑思想的变化 …… 175

第七章 黄河形象变迁与铸牢中华民族共同体意识 …… 187
第一节 战争时期的黄河形象变迁 …… 189
第二节 和平时期的黄河形象变迁 …… 192
第三节 黄河形象建构的特征 …… 202

第八章 黄河形象变迁与大江大河治理思想的变革 …… 209
第一节 从重视河流功能到凸显黄河文化与精神 …… 212
第二节 坚持绿色发展理念，正确处理生态治理与经济发展的关系 …… 216

结　语 …… 226

参考文献 …… 228

绪　论

一　研究背景

党的十八大以来,习近平总书记在对黄河流域各省区的考察中,就新形势下黄河流域生态和发展面临的问题、发展的战略发表系列重要讲话,做出重要批示指示:在青海,强调必须担负起保护三江源、保护"中华水塔"的重大责任;① 在甘肃,向全党全社会发出了"让黄河成为造福人民的幸福河"的号召;② 在河南,主持召开黄河流域生态保护和高质量发展座谈会,拉开了新时代黄河流域生态保护和高质量发展的历史大幕;③ 在山西,提出统筹黄河流域生态环境保护与推进能源革命和经济转型发展;④ 在山东,强调科学分析当前黄河流域生态保护和高质量发展形势,"咬定目标、脚踏实地,埋

---

① 《习近平总书记视察青海时重要讲话在青海省干部群众中引起强烈反响》,中国共产党新闻网,https://cpc.people.com.cn/n1/2016/0828/c64387-28670916.html。
② 《让黄河成为造福人民的幸福河》,中国甘肃网,http://gansu.gscn.com.cn/system/2022/08/22/012812659.shtml。
③ 《习近平在河南主持召开黄河流域生态保护和高质量发展座谈会》,中国政府网,https://www.gov.cn/xinwen/2019-09/19/content_5431299.htm。
④ 《立足特色优势塑造新动能——山西省构建现代化产业体系调查》,中国经济网,http://www.ce.cn/xwzx/gnsz/gdxw/202408/01/t20240801_39089077.shtml。

头苦干、久久为功,确保'十四五'时期黄河流域生态保护和高质量发展取得明显成效,为黄河永远造福中华民族而不懈奋斗"①。

黄河被誉为中华民族的"母亲河",哺育了中华民族,也孕育了5000多年未曾中断的中华文明,孕育了华夏文明的精神特质,见证了中华民族多元一体的历史演变。从古老传说中的大禹治水开始,中国人民以自强不息、蓬勃向上的民族精神,始终同母亲河同呼吸、共命运,始终同黄河水患进行不屈不挠的斗争。"奔腾不息的黄河同长江一起,哺育着中华民族,孕育了中华文明。"② 黄河文化在整个中华文明体系中具有母体和发端的地位与意义,既是中华民族"魂"之所附,又是中华民族伟大复兴的文化根基。阐发、传承、弘扬黄河文化,可以为文化认同提供坚实基础,为文化强国建设提供精神支撑,为国家治理现代化提供智慧启迪。深入挖掘黄河文化蕴含的时代价值,将为着力推动中国式现代化建设、实现中华民族伟大复兴注入强大的文化凝聚力、价值引导力和精神推动力,为世界文明刻下鲜明的中国烙印,引领中华文化走向新辉煌。

在很长的历史时期内,黄河流域始终是中华民族大一统历史进程中的政治、经济、文化发展中心地带。黄河作为流经九省区的中华民族文明象征,凝聚和赋予了中国人民的政治、经济和文化情感与智慧,对促进民族团结有重要意义。中国共产

---

① 《习近平主持召开深入推动黄河流域生态保护和高质量发展座谈会并发表重要讲话》,中国政府网,https://www.gov.cn/xinwen/2021-10/22/content_5644331.htm。
② 习近平:《在黄河流域生态保护和高质量发展座谈会上的讲话》,《求是》2019年第20期。

党从诞生之日起,便对作为中华民族母亲河的黄河始终保持关注,将其作为重要的精神象征。而《人民日报》作为中共中央机关报,是提升民族凝聚力的工具,在宣传党的纲领、路线和政策,建构民族共同体方面具有突出作用。《人民日报》在不同时期,按照不同的政治诉求,塑造了多样的黄河形象,凝练与凸显了黄河民族文化基因与精神的内在特质,为民族共同体的建构、中华文化的传承提供强有力的精神支撑。研究中国共产党党报《人民日报》新闻报道中黄河形象的建构和变迁,对传承黄河精神、为黄河国家战略提供理论支撑,推进黄河流域生态保护和高质量发展具有重要意义。

二 研究价值

本书以黄河形象建构为中心,将努力呈现以下学术与应用价值。

(一)为当前黄河国家战略的落实提供理论支撑

从1948年到2023年,《人民日报》建构出不同的黄河形象,体现了中国共产党塑造黄河正面形象的一贯性,体现了黄河促进民族复兴的先进性、黄河开发与治理的科学性,为当前黄河国家战略的落实提供理论支撑,为黄河精神传播方式的创新校准发展方向,为相关部门出台政策提供理论参考。

黄河文化是中华民族优秀传统文化的重要组成部分,蕴含着丰富的人文精神价值,是中华民族的根和魂。深入研究黄河形象,有助于挖掘黄河文化的深厚底蕴和独特魅力,明确其在中华文明发展史上的重要地位,进一步推动中华优秀传统文化的创造性转化和创新性发展,为黄河国家战略的实施提供历史理论支撑。

研究《人民日报》中黄河形象的建构与变迁，有助于为政府制定相关政策提供科学依据。通过深入挖掘和全面分析黄河文化，政府可以更加准确地把握黄河流域的发展特点和问题所在，加强区域合作、优化资源配置、完善基础设施，从而形成优势互补、联动发展的局面，制定出更加符合实际、具有针对性的政策措施。同时，黄河形象研究在一定程度上能为政策的实施提供舆论引导与监测手段，确保政策的有效性和可持续性。这有助于提升黄河流域的整体竞争力，为黄河国家战略的实施提供有力的区域发展理论支撑。

研究黄河形象还具有全球意义。黄河作为中华文明的重要象征，其形象的塑造和传播有助于推动中华文化的输出与交流。挖掘《人民日报》中黄河形象的文化特色和魅力，可以增进国外民众对中华文化的了解，推动文化的多样性和包容性发展。黄河文化具有独特性和普遍性，研究黄河形象的塑造与变迁，可以探索不同文化之间的共性和差异，为全球文明交流互鉴提供有益的理论参考；有助于推动全球文明的多样性和包容性发展，为构建人类命运共同体、实施黄河国家战略提供对外传播的理论支撑。

总体而言，研究《人民日报》黄河形象的建构与变迁能够为当前黄河国家战略的落实提供重要的理论支撑和实践指导。深入挖掘黄河文化的独特魅力和深厚底蕴，有助于延续历史文脉、坚定文化自信，为推动黄河流域生态保护和高质量发展、促进文化旅游融合发展、加强区域协同发展，为政府制定相关政策提供科学依据；同时，有助于增强文化自信与提升中华文化国际影响力，为实现黄河流域经济社会可持续发展、实现中华民族伟大复兴提供重要理论支撑。

(二) 为铸牢中华民族共同体意识提供借鉴

《人民日报》建构黄河形象的经验与方法能为当前党和政府引导群众思想、加强民族团结、铸牢中华民族共同体意识提供参考。开展黄河形象建构与变迁的研究能够深入挖掘黄河文化蕴含的时代价值，为讲好"黄河故事"，延续历史文脉，坚定文化自信，实现中华民族伟大复兴的中国梦凝聚精神力量。

研究黄河形象有助于为增进文化认同提供理论基础。黄河文化是中华文明的重要组成部分。黄河作为中华民族的母亲河，承载着数千年的历史与文化。黄河的每一次泛滥和改道，都深刻地影响周边地区的生活和文化，同时也塑造着沿岸地区独有的生态系统和社会经济结构。研究黄河形象对于深入了解中华民族的历史进程和文化演变、传承和弘扬黄河文化具有重要意义。黄河文化是中华民族的重要文化根基，研究《人民日报》中黄河形象的塑造，可以更好地理解中华民族的文化认同感和归属感。这种文化认同感和归属感是维系中华民族团结和稳定的重要力量。研究《人民日报》中黄河形象的变化，可以更好地挖掘黄河文化的内涵和价值，为文化认同提供坚实基础，为文化强国建设提供精神支撑。同时，研究黄河形象也有助于促进不同民族之间的文化交流与融合，为实现中华民族伟大复兴的中国梦提供理论支撑。

黄河承载着中华民族的精神风貌，黄河的治理与开发，体现了中国人民战胜自然、创造美好生活的决心和勇气。同时，黄河还是民族团结和国家统一的象征，具有凝聚民族力量的重要作用。研究《人民日报》中黄河形象的塑造，可以在之后的新闻工作中更好地体现中华民族自强不息、坚韧不拔、勇往直前的精神特质和价值取向,体现中华民族追求和谐的价值观。这些精神特质对于塑造中华民族的形象和提升民族凝聚力具有重要意义。因此,研究黄河形象有助于深化群众对中华民族精神的理解,为增强群众的国家认同感和民族自豪感提供有力支撑。

三 文献综述

(一)关于黄河报道的研究

当前,关于当代黄河报道的研究集中于思考用何种媒介形式与表现手法更好地表述黄河精神、讲好黄河故事。侯鹏云认为持续刊发黄河流域生态保护和高质量发展的报道,对讲好黄河故事具有深远影响。[①] 杨珂、郝文杰从全媒体角度提出黄河防汛报道应该依靠技术手段和产品形态创新,着力提升自身传播力、引导力、影响力、公信力。[②] 李怡然认为在黄河专题新闻报道中,中国新闻网通过大量使用正面态度资源和鉴赏资源,展现了黄河的生态价值及黄河流域的治理成果。[③] 安彬彬的硕士学位论文从框架理论入手,认为《河南日报》关于黄河的报道具有报道原则的政治性、议程设置的不均衡性、新闻框架的模式化、报道思维的官本位等特点。[④]

---

① 侯鹏云:《壮大主流舆论讲好黄河故事——基于〈三门峡日报〉重大主题报道的分析》,《中国地市报人》2020年第10期。
② 杨珂、郝文杰:《全媒体时代防汛报道如何提升传播力——从〈黄三角早报〉黄河防汛报道实践谈起》,《全媒体探索》2021年第3期。
③ 李怡然:《黄河专题新闻报道的生态话语分析》,硕士学位论文,西北师范大学,2022。
④ 安彬彬:《〈河南日报〉关于黄河报道的分析(2000—2009)》,硕士学位论文,华中科技大学,2011。

抗战时期，有大量媒体就花园口决堤等黄河相关事件进行了报道，但相关研究集中于关注媒体报道对军事、政治的影响，较少关注报道本身。王喜成、杨贵生和常伟、李振夏分别提出媒体的相关报道对促进国民党当局堵口有一定的舆论作用。[①] 张威和文飞对黄河决、堵问题的研究集中于揭露花园口事件中媒体的虚假报道，但将落脚点置于新闻专业主义与国家利益的关系问题上。[②]

（二）关于黄河形象的研究

目前国内对于黄河形象的研究，集中于把黄河作为展示国家形象的工具，而对黄河形象本身的探讨并不多。范红娟、高季晨梳理了1949年到2019年《河南日报》中关于黄河形象的重大新闻报道，认为报纸中黄河形象经历了从初期治理黄河叙事逻辑下的"灾害黄河"，到中期开发黄河叙事逻辑下的"发展黄河"，再到当前国家治理叙事逻辑下的"幸福黄河"的变迁；文章整体呈现出黄河形象系统的动态建构过程和黄河流域发展的时代特征，并提出黄河形象在启发公众情感、塑造公众认知、引导公众行为方面具有强大聚合作用。[③] 白志如、张智妍认为中外黄河相关纪录片建构出的黄河形象存在共性与差异，共性在于存在将黄河作为母亲河的相似隐喻，差异在于历史事件沉积出的特定群体记忆是他者视角难以感知的，国内对黄河形象的建构融入了黄河精神对中华民族的鼓舞，而

---

① 王喜成、杨贵生：《试论1946—1947年关于黄河花园口堵口问题国共双方的斗争》，《中州学刊》1989年第3期；常伟、李振夏：《中国共产党在黄河堵口复堤过程中的作为与抗争》，《西部学刊》2022年第6期。

② 张威、文飞：《媒体的尴尬——花园口决堤虚假报道68周年回眸》，《国际新闻界》2006年第6期。

③ 范红娟、高季晨：《新闻报道中黄河形象的动态建构——以河南日报相关报道为例》，《新闻战线》2021年第5期。

他者视角偏向宽泛的人文情怀。① 王艳明认为纪录片中的黄河实现了由最初的"中国之患"到如今"幸福黄河"的形象转向。②

由于战争独特的历史背景，战时的黄河形象与其他时期相比，表现出与中华民族存亡更深层次的联系。杨素云认为，民国时期黄河的"母亲河"意象和"中华民族摇篮"意象定型，抗日战争中"河防即国防""渡黄河"的意象强化了黄河的象征意蕴，黄河遂成为"中华民族"和"新中国"的象征与图腾。③ 孙胜杰认为抗战电影中的黄河景观增强了电影的艺术性，更重要的是明确了黄河的民族认同功能。④ 李惠子认为解放战争时期"渡黄河"背后镌刻着中华民族、人民大众的革命价值观，它直接地与国族象征、革命主义联系在一起。⑤ 在对《黄河大合唱》的研究中，陈卫星、段磊磊认为《黄河大合唱》乐谱多样化的编辑出版形式结构，把大众传播的社会组织和文化领导权的符号建构结合起来，推动形成中国共产党主导的统一战线的政治共识和舆论氛围。⑥ 王杰、王真认为

---

① 白志如、张智妍：《他者视角对黄河形象的建构——基于纪录片〈中国黄河源之旅〉的叙事研究》，《新闻爱好者》2021年第3期。
② 王艳明：《纪录片中黄河形象的呈现研究》，硕士学位论文，河南财经政法大学，2022。
③ 杨素云：《黄河档案中的"母亲河"意象与"民族象征"意蕴》，《档案管理》2022年第3期。
④ 孙胜杰：《民族复兴与"黄河"影像话语的建构》，《电影文学》2020年第16期。
⑤ 李惠子：《民族·革命·记忆——20世纪"渡黄河"的图像策略与内涵表征》，《美术》2020年第7期。
⑥ 陈卫星、段磊磊：《〈黄河大合唱〉在新民主主义革命时期的社会传播考释——文本扩散的出版节点与文化领导权》，《现代出版》2021年第2期。

《黄河大合唱》中黄河象征着中华民族集体记忆的"乡愁乌托邦"和反抗压迫的革命性"红色乌托邦",而贯穿在"乡愁乌托邦"与"红色乌托邦"中的共同主题是中华民族的伟大复兴,是中华民族顽强坚韧、生生不息的民族精神。①

(三) 关于黄河文化的研究

中国文化,实际上是从黄河流域走向辉煌,可以说黄河流域是中国文化的摇篮。② 关于黄河文化的研究,国内学者基本从文化内涵、文化价值、文化传播路径三个方面进行了阐述。在黄河文化的内涵方面,朱伟利认为黄河文化是中国传统文化、道德、精神的体现,它表现在"民为邦本""天人合一"的传统思想、优秀的民族精神和"多元统一"的中华"大一统"观念里。③ 王荣、闫晓认为黄河文化是典型的农耕文化,具有"大一统"的政治凝聚力和海纳百川的包容性,传承了"民为邦本"的中华优秀传统文化,体现了"天人合一"的中国哲学智慧。黄河文化凝结了自强不息、勇于拼搏、勤劳务实、开拓进取、团结统一、无私奉献等中华民族精神。④ 在黄河文化的价值方面,李敬认为黄河文化是国家形象、国家力量的重要展示,是推动中原区域永续发展的战略支撑,具有文脉传承价值。⑤ 柴小羽、赵珍认为黄河文化对中华文明的形成有

---

① 王杰、王真:《中国悲剧人文主义的核心观念及其当代意义——为纪念冼星海〈黄河大合唱〉创作 80 周年而作》,《湖北大学学报》(哲学社会科学版) 2019 年第 3 期。
② 陈鹤琴、陈选善主编《黄河流域的文化》,世界书局,1943,第 3 页。
③ 朱伟利:《刍议黄河文化的内涵与传播》,《新闻爱好者》2020 年第 1 期。
④ 王荣、闫晓:《黄河文化与铸牢中华民族共同体意识》,《河北省社会主义学院学报》2023 年第 1 期。
⑤ 李敬:《黄河文化的三个价值维度》,《中共郑州市委党校学报》2020 年第 2 期。

重要影响，黄河中下游的地理环境是中华文明孕育和形成的基础，黄河的河运助力了中华文明的融合发展，黄河的治理铸牢了"大一统"思想，黄河流域文化造就了中华文明特质。① 在黄河文化传播路径方面，邢祥、邢军认为具体方式包括顶层设计与基层落地相结合、建立文化传播保障体系，深入挖掘黄河文化的内涵、实现现代转化效果最大化，依托全媒体传播平台、创新话语表达方式。② 魏晓阳、侯雪彤从受众习惯变化、数字技术发展、话语体系建构、国际交流创新、复合人才培养等维度提出，可依托移动互联网技术平台赋能内容创作、用年轻态话语体系让年轻人感受文化认同、建立健全黄河文化现代化传播保障体系等。③ 孙璐认为在新时代，要进一步挖掘黄河文化蕴含的时代价值，并以此为基础打造黄河文化大 IP，进一步实现 IP 传播的可持续发展。④ 在建构国际传播话语体系方面，焦丹、苏铭认为，黄河文化国际传播理念的主观形成、黄河文化国际传播规范与标准的研究制定、黄河文化国际传播平台与媒介的制度优化、对黄河文化国际传播文化间性的关注与重视、国际传播能力人才的培养等，是讲好黄河故事、弘扬黄河文化的理论依据和实践指引。⑤

---

① 柴小羽、赵珍：《黄河文化对中华文明的影响及其在当今社会的传播》，《新闻爱好者》2021 年第 7 期。
② 邢祥、邢军：《新时代黄河文化传播创新路径研究》，《新闻爱好者》2020 年第 3 期。
③ 魏晓阳、侯雪彤：《黄河文化传播的现实困境与创新路径》，《理论月刊》2022 年第 8 期。
④ 孙璐：《铸牢中华民族共同体意识背景下黄河文化大 IP 传播研究》，《新闻爱好者》2024 年第 6 期。
⑤ 焦丹、苏铭：《黄河文化国际传播话语体系构建与实践路径探索》，《新闻爱好者》2022 年第 1 期。

(四) 关于黄河治理思想的重要论述

2019年来，习近平总书记围绕黄河流域生态保护和高质量发展主持召开多次座谈会并发表重要讲话。黄承梁等总结了中国共产党百年黄河流域保护和发展的历程、经验与启示，文章认为从毛泽东到习近平，始终对黄河保有深厚的情怀，始终高度重视黄河的治理。以毛泽东同志为主要代表的中国共产党人，将黄河文化作为民族自豪感和自信心的重要源泉，制定并实施治黄方略，为治黄事业奠定了重要基础；以邓小平、江泽民、胡锦涛同志为主要代表的中国共产党人，持续实施治黄方略，开辟了黄河治理的新局面；党的十八大以来，以习近平同志为核心的党中央，基于生态文明建设在"五位一体"总体布局中的战略性、基础性地位和生态文明建设是实现中华民族伟大复兴中国梦重要内容的战略认知，立足新发展阶段、贯彻新发展理念、构建新发展格局，掀开了黄河流域生态保护和高质量发展全新的历史篇章。中国共产党百年治理黄河的基本经验和主要启示在于，中国共产党是百年治理黄河历程中的核心领导力量，黄河流域发展和保护事关中华民族文化认同和心理认同，黄河流域生态保护和高质量发展是系统性、历史性、长期性国家战略工程，新时代黄河国家战略事关中华民族伟大复兴和中华民族永续发展。[①]

黄承梁认为，黄河国家战略是习近平生态文明思想的重要内容，保护黄河是事关中华民族伟大复兴的千秋大计，必须大力推动黄河流域生态保护和高质量发展，提高创新思维能力，

[①] 黄承梁、马军远、魏东等：《中国共产党百年黄河流域保护和发展的历程、经验与启示》，《中国人口·资源与环境》2022年第8期。

加快绿色低碳发展。① 郝宪印和邵帅认为推动黄河流域生态保护和高质量发展，关键要在诸多复杂问题中识别出主要矛盾与主导因素，理清驱动逻辑，落实发展战略。② 还有其他大量学者为实现黄河流域生态保护和高质量发展相互促进提出双赢治理思路，从理论研究、问题研究、经验研究、路径研究出发，分析了黄河流域生态保护和高质量发展存在的问题，总结了黄河流域生态保护和高质量发展的测度方法和实现路径。

（五）研究述评

目前国内对于黄河形象的研究，视角较为多样，史料翔实，重点突出，并从报纸、纪录片、电影等多种媒介载体出发，探讨不同形态媒介所塑造的黄河形象。学术界关于黄河的研究已经取得比较丰硕的成果。但从现有研究来看，仍存在一定问题：多将黄河作为研究对象来探讨国家形象变化，而对黄河形象本身的探讨并不多；将现当代黄河相关报道作品作为主要的研究对象，对黄河形象的变迁过程、形成原因以及作用影响探讨较少；中国共产党对人们黄河观念的形成具有决定性作用，但从党报视角切入的相关研究成果较少。

四 研究方法

（一）内容分析法

内容分析法是一种对传播内容进行客观、系统和定量的描述的研究方法。本书使用内容分析法对1948—2023年75年间

---

① 黄承梁：《推动黄河流域生态保护和高质量发展》，《红旗文稿》2022年第8期。
② 郝宪印、邵帅：《黄河流域生态保护和高质量发展的驱动逻辑与实现路径》，《山东社会科学》2022年第1期。

《人民日报》关于黄河的报道文章进行文本分析，根据数据做出事实判断和具体分析，以期发现其中的发展趋势及特点。

（二）社会历史分析法

社会历史分析法是运用发展变化的观点分析客观事物或者社会现象的方法，目的是解释事物发展的趋势，弄清其发展脉络以及实质，揭示事物内在规律。本书从《人民日报》黄河相关报道出发，总结不同时期《人民日报》黄河报道的特征，从而归纳出《人民日报》从创刊到 2023 年，黄河报道中黄河形象的变化脉络以及变化的本质，总结 75 年来中国共产党大江大河治理思想的深刻变化。

第一章
《人民日报》黄河报道的话题建构与传承（1948—1957）

黄河是中华文明的发源地，也是公认的中华民族的"母亲河"，作为流经九个省份的中华民族文明象征，凝聚了中国人民浓厚的文化情感，对促进民族团结有重要意义。中国共产党从诞生之日起，对作为中华民族母亲河的黄河始终保持关注，将其作为重要的精神象征。

党的机关报《人民日报》作为提升民族凝聚力的工具，在宣传党的纲领、路线和政策，构建民族共同体方面具有突出作用，因此在报道黄河问题上《人民日报》从一开始就秉承党性和人民性，并不断将黄河形象从过去的"灾河"朝着"幸福河"的方向进行塑造。

第一节 《人民日报》对黄河报道的话题建构

将"黄河"作为关键词在人民日报图文数据库中进行搜索，从1948年《人民日报》创刊到1957年年底，共搜索出相关文章283篇；通过人工筛选，共有282篇文章以黄河为报道

第一章 《人民日报》黄河报道的话题建构与传承（1948—1957）

主题，从而符合要求。

通过主题分类，能够看到《人民日报》对黄河的关注主要围绕三个问题，首先是黄河灾害的发生、预警、治理，其次是黄河作为关键交通、地理区位所发挥的重要作用，最后是中央关于黄河问题的指示以及《人民日报》作为党的机关报对黄河工作的指导（见表1-1）。

表1-1　1948—1957年《人民日报》黄河话题报道数量

单位：篇

主题 年份	黄河桥	地理 位置	预修 堤坝	防灾、 总结	抢险 救灾	勘察 工作	开发 利用	政策、 指导	总数
1948	1	7	8	5	5	0	1	1	28
1949	5	8	7	10	11	1	2	3	47
1950	5	0	7	10	1	1	0	4	28
1951	0	0	7	2	3	0	0	2	14
1952	1	1	1	2	2	0	1	1	9
1953	2	0	1	2	4	6	2	0	17
1954	7	1	5	3	2	0	7	2	27
1955	9	4	1	2	0	4	7	11	38
1956	4	6	2	11	0	3	14	1	41
1957	4	5	0	15	0	0	4	5	33
总数	38	32	39	62	28	15	38	30	282

资料来源：作者根据人民日报图文数据库资料整理。

作为党的机关报，《人民日报》在黄河问题上不遗余力地发挥其宣传党的理论和路线方针政策、传达中央的重大决策部署、疏导公众情绪等重要作用。

1947年，花园口口门堵复，黄河回归故道。为了阻止日军前进，1938年6月9日，蒋介石下令炸开郑州东北花园口黄河大堤。花园口决堤虽打破了日军的作战计划，为保卫武汉争取了时间，但同时也淹没了河南、皖北、苏北40余县的大片土地，80余万人惨遭溺死，千百万人流离失所，并形成连年灾荒的黄泛区。直到1947年，在中国共产党和民众的要求下，国民党才勉强同意修复花园口，使黄河回归故道。① 虽然中国共产党不断尽自己的能力建设堤坝，保证群众生命财产安全，但因国民党不断破坏堤坝修建工作，因此在1948年和1949年间，《人民日报》的报道以修缮堤坝和抢险救灾为主，并未出现系统性的黄河问题解决方案。

1949年10月1日，新中国成立，此后连年的黄河洪灾成为中国共产党亟待解决的问题。新中国成立初期百废待兴，黄河没有得到整体的、全面的治理，黄河洪灾依旧是《人民日报》关注的重要话题。1952年，毛泽东同志第一次离京巡视，就先后来到济南、徐州、兰考、开封、郑州、新乡等地对黄河进行实地考察，发出"要把黄河的事情办好"的号召。黄河问题治理逐渐走上正轨，中国共产党领导开展了系统性的勘察以及尝试性的工作。因此在1953年、1954年的报道中，《人民日报》发挥其政策预热的作用，将治理黄河问题的视角逐渐转向了勘察与开发工作。

1955年，邓子恢副总理在第一届全国人民代表大会第二次会议上作了关于黄河规划的报告。邓子恢指出，在黄河问题上，不但要从根本上治理黄河的水害，而且要制止黄河流域的

---

① 黄河水利委员会黄河志总编辑室编《黄河大事记》，黄河水利出版社，2002，第184页。

第一章 《人民日报》黄河报道的话题建构与传承（1948—1957）

水土流失，还要充分利用黄河的水利资源来进行灌溉、发电和通航，来促进农业、工业和运输业的发展。① 因此1955年的《人民日报》更加重视对于黄河问题治理的指导，通过细致解释黄河问题的成因与解决方案，督促干部和群众积极践行规划。首先，这种指导是循序渐进的，"那末，现在我们在黄河问题上的任务是什么呢？""我们应当采取什么方针和方法来达到这个目的呢？""既然黄河下游的洪水和泥沙基本上是从中游来的，而中游又极端需要这些水和泥沙，我们就应当在中游把水和泥沙控制起来。怎样才能控制它们呢？"通过回答一个又一个越来越深入的问题，知识水平不高的群众能够循序渐进地了解黄河问题，并了解中国共产党是如何带领群众解决问题的。其次，这种指导是通俗的，"在黄河流域水土流失严重的地区，主要地是甘肃、陕西、山西三省，展开大规模的水土保持工作。这就是说，要保护黄土使它不受雨水的冲刷，拦蓄雨水使它不要冲下山沟和冲入河流，这样既避免了中游地区的水土流失，也消除了下游水害的根源"。② 通过通俗易懂的语言，群众会在了解水土保持和建设黄河工程意义的基础上积极配合中国共产党的领导。关于劳动英雄的报道也能够促使群众参与水土治理工作，"绥德专区四千多个农业社社员，在各地许多小支沟里修成了九百八十多座淤地坝。……洛川、黄陵等县农民在黄土高原沟壑内，用插柳、砌石等办法修成一千六百多个护坡固沟的谷坊；还在四百多个大沟壑顶上修筑了沟头防

---

① 《全国人民代表大会举行全体会议 邓子恢作关于黄河规划的报告》，《人民日报》1955年7月19日，第1版。
② 邓子恢：《关于根治黄河水害和开发黄河水利的综合规划的报告——在一九五五年七月十八日的第一届全国人民代表大会第二次会议上》，《人民日报》1955年7月20日，第2版。

护工程"①。这些典型人物和事迹的报道不仅使群众有可以模仿的样板,提升群众参与黄河建设和治理的积极性,还能够将水土保持的工作方式逐渐下沉到基层,下沉到群众的实际劳动中。

1957年,黄河干流上第一座控制性工程——三门峡水利枢纽开工建设。这一工程开工之前面临着多样的问题,包括群众的动员与搬迁、大型水利工程的投资与建设难点等。《人民日报》发挥政策解释与引导的重要作用,在1955年之后不断刊登解释性文章,以通俗易懂的语言向群众阐释黄河淤积从何而来、黄河为什么会发生洪灾、为什么要进行水土保持工作等。当然,这些引导中也夹带着对群众后顾之忧的解决,使群众对黄河工程所引发的迁移的影响有一定心理准备,"迁移由于是在人民政府领导和帮助下有计划地进行的,政府保证移民在到达迁移地点以后得到适当的生产条件和生活条件"②。《人民日报》通过科学解释问题以及报道劳动英雄的事迹,促使群众支持并参与到黄河工程中来。

从表1-1中可以看到,在十年的黄河报道中,数量最多的是防灾预警与灾后总结工作,说明《人民日报》从未忽视黄河本身的防灾救灾工作,在不断开发利用、全面治理黄河的主线中,穿插着党和政府以及人民群众抢险救灾等主题。以事实为基底,以群众为指引,反映人民情感与思想,彰显了《人民日报》的人民性特质。

---

① 《控制水土流失和减少泥沙输入黄河 陕北地区今春完成的沟壑治理工程超过去年两倍》,《人民日报》1956年6月5日,第1版。
② 邓子恢:《关于根治黄河水害和开发黄河水利的综合规划的报告——在一九五五年七月十八日的第一届全国人民代表大会第二次会议上》,《人民日报》1955年7月20日,第2版。

第一章 《人民日报》黄河报道的话题建构与传承（1948—1957）

不可忽略的是，黄河除了作为河流之外，也是重要的地理枢纽。由于黄河是中华儿女熟知的河流，因此新中国成立前，《人民日报》常将黄河作为重要地标进行战争报道。同时，由于黄河周边黄淮海平原、汾渭平原、河套灌区、黄河下游冲积平原是我国农产品主产区，因此《人民日报》常以黄河作为地标对黄河周边地区进行气象预报，指导政府和群众注意粮食生产工作。

黄河几乎是贯穿东西的交通要道，黄河铁桥、黄河便桥、黄河浮桥以及黄河大桥成为要塞，保证了新中国经济大动脉的运行，具有重要的政治意义和军事意义。《人民日报》记录了黄河大桥的发展：1949年5月，百万人民大军从华北南下，进军江南时搭建了黄河浮桥；其后有关部门五次加固修复由于军阀内战和日寇占领而受损的京汉铁路郑州黄河大桥，保障华北和华中的交通命脉；兰新铁路黄河大桥于1954年4月1日正式动工，并于1955年7月1日落成通车；兰州黄河铁桥1954年4月1日开始加固，6月12日全面竣工；包兰铁路兰（州）银（川）段黄河大桥1954年11月8日开工；兰州黄河便桥于1955年11月动工；七里河黄河大桥于1956年10月8日动工。

十年来，《人民日报》积极按照党的指示对黄河问题进行报道：解放战争时期以与国民党的对峙为主，提升共产党的合法性；新中国成立后为了保证群众生命财产安全，前期以防灾救灾、灾后重建为主，后期以系统性治理为主，实时更新黄河动态，解释黄河问题，指导党员干部工作、学习。这些工作全面体现出《人民日报》宣传党的路线方针政策、维护群众利益的重要作用，证明了中国共产党的人民性与先进性。

第二节　正确的政绩观:"黄河问题是全国人民所关心的"[①]

政绩观是关于政绩的看法和观念的总和,包括政绩为谁而树、树什么样的政绩、靠什么树政绩等方面,反映党员干部的价值取向,是其取得执政实效的思想基础。正确的政绩观就是为民造福、群众为先、真抓实干的思想观念。正确的政绩观虽然是干部自身树立的,但也不能缺少群众对观念的呼应,因此正确的政绩观不仅是干部应该具备的,更是群众与干部互动的重要桥梁。《人民日报》通过与过去政权的对比、干部与群众的互动以及秉持一以贯之的为民造福观念,讲述了在黄河问题上中国共产党如何树立并彰显正确的政绩观。

一　强烈的对比性:黄河建设为了谁

在黄河问题上,《人民日报》通过中国共产党与国民党的对比,突出中国共产党作为人民性政党为民造福的本质。

在黄河灾害问题上,《人民日报》笔下的国民党与中国共产党有着截然不同的解决方法。"由于封建社会的限制,人民和黄河斗争了几千年,终究没有改变黄河'善淤、善决、善徙'的性格",不仅如此,"民国以来,堤防失修,黄河的灾患变本加厉。我们拿一九三八年抗日战争时期蒋介石扒开花园口黄河大堤这一罪恶行为来看,当时曾淹没了豫、皖、苏三省

[①] 《全国人民代表大会举行全体会议　邓子恢作关于黄河规划的报告》,《人民日报》1955年7月19日,第1版。

第一章 《人民日报》黄河报道的话题建构与传承（1948—1957）

两万九千平方公里的肥沃土地，淹死了三十二万五千余劳动人民，因水灾而流离失所死于饥饿疾病的人民，更不计其数，而且黄河南侵的结果，淤淀了淮河及其支流的河道，因而造成了淮河的灾害"①。相比之下，《人民日报》笔下的中国共产党则具备实干精神，共产党员积极深入群众中，"大部分干部如区长、县长等，都和民工共甘苦，参加了装土、挖土、下水搭桥等工作，并深入领导，给民工解决困难，及时吸收与传播经验，逐渐改善组织领导，提高工作效率"②。这种行动上强烈的对比反映了中国共产党处处为了群众，正是因为这一点，中国共产党拥有扎实的群众基础。

在黄河灾害成因上，《人民日报》认为黄河经常发生灾害的原因不仅在于黄河本身，还在于"封建社会治理黄河是以保护地主、贵族、皇室的利益为主的"③，到了近代，"黄河的灾害同反动统治阶级的罪恶是分不开的"④。国民党为了巩固自身政权，蛮横利用黄河，造成大量群众无家可归。由于半殖民地半封建的社会性质，国民党政府对群众利益置若罔闻，未从群众角度出发思考黄河问题。"在国民党反动统治时期，黄河几乎年年决口，一九三八年蒋介石扒决花园口堤防所造成的大水灾，更是人所共知的，这次水灾的结果是使河南、安徽、江苏千里沃野成了一片赤地的黄泛区，据国民党政府显然是缩

---

① 王化云：《人民的新黄河》，《人民日报》1952年10月16日，第2版。
② 君谦：《伟大艰巨的工程——黄河北岸复堤总结》，《人民日报》1948年6月30日，第1版。
③ 张含英：《治理黄河的新的里程碑》，《人民日报》1955年7月21日，第2版。
④ 邓子恢：《关于根治黄河水害和开发黄河水利的综合规划的报告——在一九五五年七月十八日的第一届全国人民代表大会第二次会议上》，《人民日报》1955年7月20日，第2版。

小的统计数字，就淹死了三十二万人。"① 因此黄河灾害一直是人民的浩劫，而黄河也因此给人一种"灾河"的印象。相比之下，《人民日报》笔下的中国共产党积极带领群众，进行防汛工作，"防汛组织已有干部千余名、长期防汛员千余名、抢险队与临时防汛员四万余人、后备队六万人"，"在国民党时期，……一九三五年的洪水最大流量达到一万三千三百秒公方，黄河又在山东鄄城大决口，淹及山东、江苏十几个县，受灾二百余万人。但是在中华人民共和国成立以后，一九五四年的洪水最大流量达到一万四千秒公方，黄河却安然无恙"，②通过对具体事例包括数字的表述，群众能够理解新中国和国民党旧政权的区别，而这些区别的本质就是是否体现群众性。

《人民日报》积极将黄河问题与当时的环境相结合，将黄河问题与阶级矛盾相结合，将黄河灾害与民族解放相结合，"从前国民党有'治河委员'，不修堤光知道要钱；蒋孬种炸堤放黄水，淹了人口、村庄和田园。共产党领着分房分地，号召人民反蒋修堤，消灭了封建地主阶级，还要战胜野性的黄水！……'我们要反蒋守堤'……'消灭蒋匪！战胜黄水！'"③。这种表述不仅调动了群众与黄河灾害斗争的积极性，同时也提升了黄河问题的重要性：黄河问题与阶级问题一样，是影响民族团结和群众生活的重要因素，解决黄河问题就

---

① 季音：《根治黄河的第一步——记黄河流域的勘测工作》，《人民日报》1953年9月1日，第2版。
② 邓子恢：《关于根治黄河水害和开发黄河水利的综合规划的报告——在一九五五年七月十八日的第一届全国人民代表大会第二次会议上》，《人民日报》1955年7月20日，第2版。
③ 王亚平：《黄河英雄歌》，《人民日报》1949年8月7日，第4版。

第一章 《人民日报》黄河报道的话题建构与传承（1948—1957）

如同解决阶级矛盾,是具有必要性的。黄河问题属于实际问题,而阶级问题是相对抽象的,《人民日报》通过各种报道将黄河问题逐渐置换进当时的政治任务中,将黄河问题与阶级矛盾相结合,既能提升群众对阶级问题的认识水平,使其具象化,又能体现解决黄河问题的迫切性,并提升干部群众解决黄河问题的积极性。

二 鲜明的互动性:政绩观的树立离不开群众

实现黄河问题的解决,践行正确的政绩观,不仅影响到干部个人的健康成长,更关系到党和人民事业的发展。正确的政绩观是为政之德、从政之道、施政之要,中国共产党把为民办事、为民造福作为最重要的政绩,把为老百姓办了多少好事实事作为检验政绩的重要标准。

从关于黄河的报道中能够看到,作为全国性的大报、党的机关报,《人民日报》通过大量具体案例指导党政机关干部形成一切从群众切身感受出发的正确政绩观。1950年5月10日《人民日报》报道了山东省人民政府发出进行第二期春修工作的指示,并指出"第二期春修工程是提高河防强度、确保今年防汛胜利的决定关键"①,但同时指出"本期工程约需动员民工十万人左右,目前正青黄不接的春荒时期,春修工作如能与生产救灾工作密切结合,则对救灾将起巨大作用,但在以工代赈时应切实注意工程的质量"②。为民造福是最大的政绩,在黄河问题上,《人民日报》指出,指导春修、保证堤坝安

---

① 《山东完成首期黄河春修 省府指示进行下期工程》,《人民日报》1950年5月10日,第2版。

② 《山东完成首期黄河春修 省府指示进行下期工程》,《人民日报》1950年5月10日,第2版。

全确实是当前必须完成的任务，但遇到春荒时期，各地领导应在生产救灾与春修中作出决定，不能只看眼前的利益与需求，要在保障群众最大利益的前提下，用长远眼光观察情况，分配工作。《人民日报》通过这种方式强调黄河问题的重要性，但也要求干部在执行的过程中思考群众利益，形成正确的政绩观。

正确政绩观的践行依靠群众。"从济南到长清七十里黄河堤上，布满了近两万与黄河作战的人们。堤上，运送土、石的汽车吼叫声，车马吆喊声，人们歌唱声与慰问团的锣鼓声，热闹的搅成一团，使黄河的咆哮声消失了；入夜，两岸灯火万千，人们镇静地如梭似地检查察看堤坝，准备与洪水搏斗。""洛口黄河铁桥以东至盖家沟的险工，是铁路局三千余职工和济市北部农村的农民防守，在这里可看到工人与农民的结合，工人运土、农民打桩。""济南西南角北店子险工，是济南警备部队千余指战员与长清县两千余农民看守，他们象战斗一样的将土、石从数百米以外跑步运到堤坝上，两天后，北店子险工上第七连的全体指战员膀子都被压肿了，但他们是愈战愈奋。"① 这是《人民日报》1949年9月30日的报道《奋战黄河 济南市各界抢险记实》，从文章中能够看到黄河洪水来临之时，工人、农民都是防灾的主力军。正确政绩观的树立和践行不能是干部本身的"异想天开"，而是需要动员群众跟随干部的合理观念进行黄河防灾工作，但工作若是不恰当，不符合人民的利益，或者宣传工作不合理，群众无法理解，干部就没有办法做出成绩，因此正确政

---

① 陈勇进：《奋战黄河 济南市各界抢险记实》，《人民日报》1949年9月30日，第5版。

第一章　《人民日报》黄河报道的话题建构与传承（1948—1957）

绩观的践行必须依靠群众。

领导干部的政绩最终要由人民群众来评判。只有真正得到人民群众的认可和支持，领导干部才能算是真正取得政绩。如前文所述，在防灾救灾过程中，群众能有如此高的积极性，就是因为领导干部的工作指导有力、得当，就是因为领导干部树立并践行了正确的政绩观。在《人民日报》笔下，领导干部积极深入群众，了解群众的需求和愿望。"'在确保临黄，固守金堤，不使开口'的伟大任务之下，绝大部分干部如区长、县长等，都和民工共甘苦，参加了装土、挖土、下水搭桥等工作，并深入领导，给民工解决困难，及时吸收与传播经验，逐渐改善组织领导，提高工作效率。"① 领导干部通过与老百姓共同工作，做到深入群众，深入基层，了解民情，了解人民群众的生产生活状况，掌握第一手资料，为制定正确的政策和措施提供依据。同时，人民群众的智慧和力量是无穷的，只有倾听民意，集中民智，广泛听取人民群众的意见和建议，尊重人民群众的创造精神和主体地位，集中人民群众的智慧和力量，才能取得真正的政绩。"人民政府根据'分散拦蓄，节节控制，结合防旱抗旱，控制原面径流，减缓坡田冲刷'的方针，吸收农民群众的经验，根据各地不同条件，在高原区许多地区领导农民试办了许多水土保持工程。"②

正确政绩观的树立离不开群众。中国共产党在了解群众的基础上，在汇集群众智慧的基础上，始终把人民群众的利益放

---

① 君谦：《伟大艰巨的工程——黄河北岸复堤总结》，《人民日报》1948年6月30日，第1版。
② 君谦：《把黄河中游地区的水土控制起来》，《人民日报》1954年12月8日，第2版。

在第一位,积极为人民群众排忧解难,做到为民服务。"行署黄河居民移垦救济委员会自去年六月成立,迁移黄河灾民到滑县卫南坡开垦,经半年来的努力,已获初步成就。……本会成立半年来,移垦灾民六十三户,荒地开了一千三百余亩,种麦子一千零四十五亩,菜二百六十二亩。如无天灾,垦民即可丰衣足食。又建房二十间,地屋十余所,新筑马路三百余丈,修旧井一眼,打起院墙百余丈,新村建设已具规模。十二月二十日,全体垦民已由附近邻村搬来新村居住。"①

"两年来的成绩是大的,但缺点亦复不少,只要我们接受经验,不骄不傲,不麻痹大意,虚心学习,尊重技术,组织群众,依靠群众,使技术与群众力量结合在一起,始终不倦地奋斗,则我们就有充分理由,相信一定能够把有害于国计民生的水患,改变成为有益于国计民生的水利。"②《人民日报》笔下领导干部和群众之间具有鲜明的互动性:领导干部深入治理黄河的一线了解民情,集中民智,解决民困;老百姓服从领导干部的安排,积极防灾救灾。

正确的政绩观的形成离不开群众,只有真正深入群众、了解群众、依靠群众,在与群众的互动中,领导干部才能形成正确的政绩观,才能制定出符合实际、切实可行的政策和措施,才能真正为人民服务。

"整党后,干部为人民服务的观点更加强了,作风转变了,组织领导走上群众路线,发扬了民主;群众经过土改,多数农民积极性大大提高,终于克服了一切困难,做出超过计划

---

① 明如:《黄河移民建成新村全体欢庆第一新年 又制定今年建设计划》,《人民日报》1949年1月16日,第2版。
② 邢肇棠:《黄河》,《人民日报》1949年9月8日,第2版。

的成绩。"① 《人民日报》宣扬的政绩观是为民造福、真抓实干、群众响应的政绩观,党以群众为先、群众支持党的工作才是黄河问题得到解决的核心办法。

第三节 注重治河与政治的关系:"技术要为政治服务,为人民服务"②

黄河灾害治理是《人民日报》黄河议题中的重要方面。黄河之所以成为灾河,绝大部分原因在于水灾严重影响沿岸百姓的生活,因此,治理黄河就成为《人民日报》黄河报道的重要主题。"黄河洪水在一年中有'桃、伏、秋、凌'四汛,每年三月底四月初,桃花开放的时候,银川、包头之间和前后河套一带,河里的大量冰块融化,这些水流到下游就形成一次小洪水,所以称为'桃汛'。夏秋雨季多有暴雨,河水常常陡涨,这是'伏汛'和'秋汛'。寒冬季节或是春暖解冻的时候,许多凌块随着水流漂浮而下,在弯曲而狭窄的河段常会阻塞,因而抬高水位,引起漫溢,这叫'凌汛'。"③ 为了改变群众对黄河的"灾河"印象,《人民日报》的报道对赈灾和修建黄河堤坝有着充分的描写,并将其与民族大义相结合,以此来改变群众对黄河的印象,并使黄河成为中华民族的象征,成为危险时刻群众的精神支柱。因此,此时《人民日报》报道中有关治理黄河的过程描写不仅是为人民服务,更是为稳固合法

---

① 君谦:《伟大艰巨的工程——黄河北岸复堤总结》,《人民日报》1948年6月30日,第1版。
② 《冀鲁豫治黄工程队 研究修治黄河 决定加强员工政治教育》《人民日报》1949年3月22日,第1版。
③ 叶永毅:《黄河的洪水》,《人民日报》1957年2月15日,第7版。

性服务，为民族发展服务。

一 战争时期的治河报道：防汛救灾行为对比提升群众信任度

解放战争时期，《人民日报》将抢险救灾、治理黄河与战争、民族大义相结合，着重突出细节和数量，描写解放战争中，共产党人不畏惧国民党的枪林弹雨，不畏惧黄河的灾难，带领群众不断抢险救灾、抢修黄河堤坝。"大汛已临，黄河水势危急，河南数百万人民的生命财产，已因蒋匪之疯狂破坏我修防工作而面临危境。"[①] "三年多以来，三解放区人民政府曾领导人民进行了艰苦巨大的治黄工程，不顾国民党匪军的挖堤破坏，窜扰抢掠以及飞机轰炸扫射，先后以二千五百万个人工，完成了一千八百里长的复堤工程和抢修无数处的险工，使沿河千百万人民的生命财产未受大的损失。"[②] 1948年至1949年间，《人民日报》用大量笔墨描写了在敌军破坏黄河堤坝之时，中国共产党积极发动群众，并带领群众进行救灾的场景，把黄河和国家危亡联系起来，把黄河和国民党反动派联系起来，用具体事例指出国民党当政时期对群众利益的损害，以此与中国共产党积极的救灾行动形成鲜明的对比，激起群众对国民党政府不顾群众安危、要求黄河改道的不满，激发群众在中国共产党领导下自己动手参与保卫家园的自豪感，从而不断争取群众的认同。在这个时期的报道中，《人民日报》把民族斗争寓于抢险救灾之中，将国家大义和救灾联系在一起，强调救

---

① 《黄河大汛已临 蒋匪疯狂破坏 数百万人民面临危境》，《人民日报》1948年7月23日，第1版。

② 《加强领导统一治黄 黄河水利委员会成立 确定当前方针以防汛为主》，《人民日报》1949年6月26日，第1版。

第一章　《人民日报》黄河报道的话题建构与传承（1948—1957）

灾是为了民族复兴，这是共产党人心怀民族的重要表现。在这里，共产党修建黄河堤坝的过程是保证群众生命财产安全的过程，这是为人民服务；同时，将修筑堤坝、赈灾的行为和国民党的破坏行为相对比，从而体现社会主义制度的优越性，这是为政治服务。

1949年3月22日《人民日报》刊登文章《冀鲁豫治黄工程队 研究修治黄河 决定加强员工政治教育》，文章称，"第一、技术要为政治服务，为人民服务；第二，做好坝埽，要以'坚固省料'为标准。……第三、政治工作的群众路线问题，不但队长指导员要掌握，还要使队员普遍认识，这就需要注意民主管理，启发大家的自觉性积极性，开展'三学'（学政治、学技术、学文化）'四评'（评政治、评技术、评团结、评群众路线）运动"①。"学技术""评技术"和"学政治""评政治"放在了一次，与民主管理和群众路线放在了一起，所以此时修建黄河堤坝以及救灾的技术不仅仅是一项技术，更是一种能够联结中国共产党和人民的重要方式，是凸显中国共产党全心全意为人民服务根本宗旨的重要表现，体现出非常强的政治性。

"在黄河归故的尖锐斗争中，证明了美帝国主义的飞机大炮不能炸平我们的黄河堤岸，轰散我们成千成万的复堤抢险员工。蒋家匪帮的特务奸细，也不能烧尽我们的治河秸料，偷尽我们的治河器材，破坏我们的治河工程。更证明我们两年来的治河工程是经得起一万七千秒立方公尺洪流的激荡。"② 在中

---

① 《冀鲁豫治黄工程队 研究修治黄河 决定加强员工政治教育》《人民日报》1949年3月22日，第1版。
② 邢肇棠：《黄河》，《人民日报》1949年9月8日，第2版。

国共产党的带领下，群众具有打败一切反动势力的能力，此时的黄河不仅仅是一条河，而且是"人定胜天"的证明，是中华民族团结的象征。

二　和平时期的治河报道：以多种报道手法提升群众参与度

新中国成立之后，《人民日报》对黄河的报道突出从人民出发，以人民为主，指导人们全面、提前、科学地进行防汛和治理工作。

《人民日报》大力宣传要将黄河建设成人民的黄河，充分动员群众参与救灾、治理工作。"菏泽县朱口、刘庄险工四百余公尺护岸工程……经各级干部和二万五千多农民的参加抢救，经过四昼夜的紧张战斗，终于转危为安"[1]，与1949年之前相比，新中国成立后的黄河救灾过程描写更加突出干部在前，群众参与，突出群众中流砥柱的作用。

在非灾害时期，《人民日报》注重宣传科学防灾，报道防灾措施、防汛会议，端正干部思想，深入动员群众。"黄河方面，今春主要是继续培修黄河大堤。河南、平原、山东三省沿黄河县、区的二十九万多民工，从三月中开始动工以来，共已完成复堤土工一千四百多万公方。"[2] 修堤筑坝是整个黄河工程中最为重要的工作之一，从解放战争时期持续到新中国成立之后，除每年的汛期之外，其他时间党和政府也不断提升群众的保护意识，防患为先，未雨绸缪，加筑堤坝。

---

[1]《山东省胜利渡过黄河伏汛期 沿河防汛机关正总结经验争取战胜秋汛》，《人民日报》1953年8月20日，第2版。
[2]《全国各河流春修工程大部完成 淮河、黄河巨大工程正在继续进行》，《人民日报》1951年6月1日，第2版。

第一章 《人民日报》黄河报道的话题建构与传承（1948—1957）

为了提升读者对文章的理解度，《人民日报》不仅提供具体数字描述黄河治理工程的建设过程，还根据当时群众知识水平不高，难以领会党中央意图的情况，给出具体的方式指导沿河各地进行防灾工作。"第一、必须把防汛工作深入到群众中去。第二、消灭堤身隐患是不容再缓的工作。第三、必须迅速完成一切准备工作。第四、奖惩严明，推行考绩制度，开展劳动竞赛，也是战胜洪水的重要条件之一。"① 因为沿河城市多，情况不同，因此《人民日报》的报道既要有全面性又要有具体性。全面性在于，提出的方式方法能够覆盖整个黄河沿岸，具体性则在于防灾方法与宣传要让干部学得会、群众听得懂。《人民日报》积极利用当时较为普遍的群众运动与竞赛形式，推动群众参与救灾抢险与修筑堤坝工作。"从平原省西境的博爱县到东境的东阿，在千余里的黄河、沁河堤线上，三十五万民工与干部正开展爱国主义的修堤竞赛"②，"今年的黄河春季修堤工程已经全面开工，河南、平原、山东三省黄河中、下游沿岸已有十多万民工上堤，他们在二千多华里长的黄河堤线上，展开了爱国劳动竞赛。……今年土方工作效率要普遍提高，民工们已展开了一个'十方运动'，即每人每天要运土平均达到十公方。现在，不少民工队已经达到了或超过了这个目标。"③ 制定竞赛的目标与规则的过程就是将生产者纳入权力意志的过程，但与以往不同的是，《人民日报》有关劳动竞赛的报道，重点是将劳动竞赛与典型人物及其事迹、具体数字相

---

① 袁隆：《黄河防汛总指挥部指示各地 进一步加强防汛工作》，《人民日报》1950年8月10日，第2版。
② 杜文远：《黄河复堤工程在进行中》，《人民日报》1951年6月8日，第2版。
③ 《黄河春修全面开始》，《人民日报》1952年4月17日，第2版。

结合，用具体数字使底层完不成任务的群众感受到压力，使普通群众产生与典型人物"攀比"的心理，从而实现生产目标。干部在竞赛中扮演的角色更多的是支持者和鼓励者，并不断增加群体内部的亲密感，进一步调动群众参与修堤建坝的积极性。从表面上看，《人民日报》这种促使群众参与治理黄河的动员工作，似乎党是主导者，群众是参与者，实际上这不仅是一个能够造福群众、保障群众生命财产安全的为人民服务的过程，也是一个使群众增加对中国共产党信任的过程。首先，黄河堤坝修建的动员工作使群众参与国家建设，在建设过程中群众会对政策特别是党对于政策的解读有深入的理解，从而加深对共产党的认识。其次，群众在参与劳动的过程中，从具体的事件和具体的行为等实际层面理解中国共产党对黄河问题的重视、对群众安全的重视，进一步增加对党的信任。最后，这是共识与力量凝聚的过程。动员群众修建堤坝，可以统一思想、凝聚共识，形成共同的目标和行动方向，这有助于汇聚起人民群众的强大力量，为之后实现国家发展目标或应对各种挑战提供坚实的群众基础。当然，修建堤坝也是激发群众积极性和创造力的过程，使人民真正体会到当家作主。因此修建堤坝等治河行为再一次成为既为人民服务，又为政治服务的重要行动。

第四节　保护与开发的关系："利用黄河的资源，满足社会主义建设的需要"[①]

保护黄河是事关中华民族伟大复兴的千秋大计，《人民日

---

① 张含英：《治理黄河的新的里程碑》，《人民日报》1955年7月21日，第2版。

第一章 《人民日报》黄河报道的话题建构与传承(1948—1957)

报》在保护黄河方面坚持贯彻执行党的方针政策,真实、客观全面地报道国家针对黄河灾害和发展而推出的一系列措施,并运用深入浅出的语言帮助群众理解政策内涵,在指导群众保护黄河的同时增强党的合法性与群众的民族自豪感。

一 黄河保护问题的报道观念转变

黄河作为母亲河,哺育了沿河各地的中华儿女,《人民日报》积极按照党中央的安排和部署,对黄河进行报道,与时俱进建构黄河形象与功能。而黄河工作的整体统筹,黄河本身的保护与发展,与黄河水利委员会有着密不可分的关系,黄河水利委员会的工作思路代表着党和国家某一时期对黄河保护工作的要求。因此,分析《人民日报》中黄河水利委员会的工作主题的变化能够透视党和国家对黄河保护工作要求的转变,从而探究黄河形象转变的根源。

1946年,中国共产党领导下的人民治黄事业在炮火硝烟中起步,冀鲁豫解放区和渤海解放区分别成立治黄机构。1949年6月26日,《人民日报》发布报道,"华北、河南、山东三解放区人民政府派出代表,于十六日至二十日在济南集会成立了黄河水利委员会,统一治理黄河工作"[①]。此次成立黄河水利委员会,目的在于加强党的领导,统一治黄,并确定以防汛为主的治理方针。

为了能够体现黄河保护与发展之间的关系,《人民日报》围绕黄河水利委员会的重点工作,对黄河科学治理的过程进行了全方位的报道。在《人民日报》的报道中,黄河水利委员

[①] 《加强领导统一治黄 黄河水利委员会成立 确定当前方针以防汛为主》,《人民日报》1949年6月26日,第1版。

会的主要职责包括防范水灾和根治黄河水害两个方面,具体包括发出指示,警惕汛情;视察汛情,给出科学研判,组织抢险救灾;勘察黄河情况,寻找具体根治方法,监督群众实践。

从 1949 年成立黄河水利委员会到 1957 年,黄河水利委员会在《人民日报》中共出现 125 次,出现文章 49 篇,具体分布见表 1-2。

表 1-2　1949—1957 年与黄河水利委员会相关的报道

单位:篇

年份 主题	1949	1950	1951	1952	1953	1954	1955	1956	1957	总数
视察汛情、组织救灾	5	1	2	0	0	0	0	0	0	8
预报汛情	3	8	1	0	1	3	0	2	0	18
勘察情况	1	1	0	0	4	2	2	3	1	14
科学治理	0	0	1	1	0	0	3	2	2	9
总数	9	10	4	1	5	5	5	7	3	49

资料来源:作者根据人民日报图文数据库资料整理。下同。

1949 年与 1950 年提及黄河水利委员会的文章数量相对较多,所占比重较大,并且集中于对灾情的视察与预警,说明新中国成立初期,在黄河问题上,洪灾是政府和群众关注的主要问题。而组建黄河水利委员会的一个重要原因在于,黄河是一条穿越中国九省区的母亲河,开展防灾救灾是需要各地相互协调的,黄河水利委员会要发挥重要的协调作用。1952 年毛泽东视察黄河,要求做好防汛工作,"根治"黄河,随后黄河水利委员会主任王化云在《人民日报》发表《人民的新黄河》,提出治理方案。而在之后的 1953 年到 1957 年,每年关于黄河水利委员会的文章在 5 篇左右,关注的重点也从防范灾情、组织救灾转向对黄河的全面治理,黄河保护问题逐渐成为一个相

第一章 《人民日报》黄河报道的话题建构与传承（1948—1957）

对稳定的议题，需要给予长期而持续的关注。

从报道数量的变化上能够看到《人民日报》关注的黄河保护主题是有一定变化的。1949年报道主题最多的是组织抢险救灾；1950年的文章集中于进行汛情预警；1953年的文章主题集中于勘察黄河情况；1954年报道集中于对汛情的预警以及勘察；从1955年到1957年，文章主题集中于勘察和科学治理。因此在保护黄河方面，《人民日报》的报道主题从最开始的解决"表面"问题即抢险救灾、预报汛情，发展为解决"根源"性问题，如勘察黄河、科学治理黄河，关注黄河保护问题从即时性逐渐走向持续性、发展性。

在报道手法上，《人民日报》以大量数字、具体事例等深入浅出的说明为主。"这个勘测队伍，……初步进行了以黄河为主的水力资源勘察约三千公里，测量了水库坝址和峡谷的地形约五千五百平方公里，初步钻探了坝基三千五百公尺，调查了水库的经济地理约七千六百平方公里。"[1] "天气一日数变，中午暖和，下午就飞沙走石，下冰雹，晚上温度常常降到零下二、三十度。他们经过海拔四千一百公尺以上的高原时，空气过于稀薄，步行就气喘头晕，只能整天爬在牲口上"[2]，呈现具体数字主要为了展示党和政府为群众做出的成果，而描述具体事例是为了展示党和政府正在做的努力。保护黄河作为一项需要长期努力的工作，不可能即刻产生效果，而长时间无法产生成果的项目易造成群众不理解，再加上新中国成立初期群众的受教育程度普遍偏低，因此《人民日报》需要使用具体数

---

[1] 《中央燃料工业部勘测队八个月的勘测、钻探结果 证明黄河上中游蕴藏的水力发电能力巨大》，《人民日报》1953年2月28日，第2版。

[2] 季音：《根治黄河的第一步——记黄河流域的勘测工作》，《人民日报》1953年9月1日，第2版。

字和具体事例向群众传递信息，从而提高群众对党和政府的信任度、满意度。

二 开展治黄工作的政策方针：黄河治理问题的报道引导

1955年7月19日，《人民日报》在头版位置报道了国务院副总理邓子恢在全国人民代表大会上所作的关于黄河规划的报告，并在20日全文引用报告。邓子恢指出，在黄河问题上，不但要从根本上治理黄河的水害，而且要同时治理黄河流域的水土流失和消除黄河流域的旱灾；不但要消除黄河流域的水旱灾害，而且要充分利用黄河的水利资源来进行灌溉、发电和通航，来促进农业、工业和运输业的发展。具体方式包括修建水坝、水库、水电站，以及在黄土区域从农作技术方面、田间工程方面、造林方面和水利方面进行一系列的长时期的水土保持工作。

在根治黄河水害和开发黄河水利的政策方面，《人民日报》对黄河保护工作的报道分为介绍前期勘察工作、介绍水土保持工作以及宣介政策工作。

为什么要报道勘察工作呢？勘察工作的本质目的是勘察黄河整体，形成一个系统性、全面性的根治黄河水害的方法，不再像过去那样以防范为主，而是主动出手，使黄河从"害河"变成"利河"。因此报道勘察工作首先是描述黄河整体问题所在，"弄清黄河泥沙和洪水的主要来源"，"探明黄河的自然状况及其规律，掌握确切的资料，作为制订根治黄河工程计划的根据"[①]，为群众理解黄河问题打下基础。其次说明根治黄

---

① 季音：《根治黄河的第一步——记黄河流域的勘测工作》，《人民日报》1953年9月1日，第2版。

第一章 《人民日报》黄河报道的话题建构与传承（1948—1957）

水害的根本目的在于为群众谋福利，全面而具体地解读政策，为后期群众参与、配合治理工作奠定基础，因此在说明问题和勘察结果后，就需要表述治理效果，从而吸引群众参与，"通过沿岸千百座大小水库之后，浑浊的黄水将变成清澈的碧流。一座座的水电站将出现在黄河上，把两岸的城市和村庄照得一片雪亮，把许多工厂的机器开动起来"①。那么如何形成这样的局面呢？怎样动员群众呢？需要研究水土流失问题，推行水土保持的规划。"领导造林的同志向大家宣布：今年要选举模范，条件是：看谁造的快，合乎国家的标准，爱护国家的树苗。"② 群众竞赛和典型选拔，将国家标准细化为包括具体数字和行为的个人目标，使水土保持工作真正落到实处。什么才是最好的宣传工作呢？怎样才能激发群众的积极性呢？当然是要呈现一些看得见摸得着的实际利好。"过去，站在城墙上往郊外看，只能看见一片片的沙荒；现在再到郊外参观一下，会看到整齐的防风防沙林带和纵横交错的灌溉渠道。去年黄河水灌溉的郊区 5000 多亩农田，普遍得到丰收，平均每亩增产 60 斤。"③ "在试办和推广水土保持的地区，泥沙冲刷已有减轻，生产逐渐提高，人民生活开始改善，农民对水土保持的积极性也随之增涨。"④ 在保护黄河的报道中，《人民日报》做到了深入浅出、循序渐进，不仅说明了黄河治理问题的紧迫性，而且通过具体案例解读政策要领，回应群众疑问，充分体现其人

---

① 季音：《根治黄河的第一步——记黄河流域的勘测工作》，《人民日报》1953 年 9 月 1 日，第 2 版。
② 陈勇进：《古黄河地带》，《人民日报》1954 年 1 月 9 日，第 2 版。
③ 张祝泉：《黄河水改变了开封市的面貌》，《人民日报》1956 年 3 月 15 日，第 2 版。
④ 《黄河水利委员会召开水土保持会议 研究黄河流域推行水土保持的总规划》，《人民日报》1954 年 12 月 8 日，第 2 版。

民性。

1948年到1957年,《人民日报》关于黄河的报道逻辑是强调防治、救灾,在保证安全的前提下,以全面治理黄河为核心,同时突出黄河地理位置的重要性,为全面发展黄河奠定基础,突出保护黄河与发展黄河相辅相成的关系,做到了党性和人民性相统一。报道文章既贯彻、宣传党的方针政策,报道黄河勘察、治理工作,积极进行政策解读与引导;也将防灾、救灾放在首位,解决群众需求,关注群众生活,解答群众问题,从群众视角解读党的政策,从细小之处见大政方针。

黄河是几乎贯穿中国东西的大河,过去的分土而治不仅无法根治黄河问题,还使黄河成为不同割据势力的分界线。而《人民日报》对黄河整体治理和统筹发展的报道,不仅具有系统性和具体性,还具有很强的民族性与聚合性。比如,报道指出,中游的水土流失会造成下游的泥沙堆积,上游的凌汛会造成下游的洪水,黄河灾害和利好之间相互制约、影响,群众从报道中了解到黄河问题不是某一地区的问题,而是各地区相互联系的结果。这种报道有助于打破不同地域和民族之间的隔阂,使群众能够真实认知到,我们是一个整体。在黄河的联结下,群众的民族意识和民族凝聚力有效增强。

新中国成立初期的黄河治理与黄河开发,是在社会主义现代化建设和国家经济建设的宏观视野中开展的,《人民日报》关于黄河的报道也具有鲜明的时代烙印:新中国成立前的黄河报道以战争作为背景,将黄河与战事相结合;新中国成立初期与抗美援朝相结合,突出爱国主义在黄河工作中的重要性;整风运动开始后,则与整风运动相结合,突出黄河工作中的群众性;围绕增产节约运动,强调反对贪污浪费的黄河治理工作作风。在这些运动中,黄河叙事获得了更广阔的解读空间,黄河治理成为关系民族复兴和国家长治久安的千秋大计。这些报道也充分证明了中国共产党有能力领导群众建设新社会、迎接新生活。

第二章

作为文化传承的黄河：改革开放前的报道（1958—1976）

1958—1976年是新中国发展过程中特殊的时间段，《人民日报》这段时间对黄河的报道不可能独立于社会与历史。媒体报道积淀下来的媒体记忆会折射出社会文化的特殊面貌，因此这一时期黄河相关报道被印刻下特殊年代的痕迹，供后来者回顾与思考。

第一节　1958—1976年报道主题与特征分析

1958年到1960年，《人民日报》发表关于黄河的文章总字数约为14万，数量为128篇。从1966年到1976年，《人民日报》发表黄河主题文章80篇，总字数约为18万。1966年仅有两篇以黄河为主题的文章，1967年的数量则为零。这一时期《人民日报》版面数量并未发生太大变化，但报纸所载文章数量锐减，文章长度明显增加，黄河相关报道数量相应减少，但文章篇幅有所增加。

1966年之前的黄河报道主题以防汛救灾和黄河发展为主，

第二章　作为文化传承的黄河：改革开放前的报道（1958—1976）

穿插着黄河工程与黄河大桥的建设工作，更加关注黄河对群众生活的影响。1966年之后文章主题集中在黄河发展即黄河给群众带来的利益方面，灾害相关报道数量减少，其他主题相对分散。从整体数量上看，1958—1976年，《人民日报》的报道主题集中于黄河利益与发展，同时关注黄河灾害与黄河工程，试图通过黄河带来的利益以及党领导人民群众"驯服"黄河的经验来验证社会主义制度的优越性（见表2-1）。

表2-1　1958—1976年相关主题报道数量

单位：篇

主题\年份	黄河大桥重要位置	防汛救灾	"跨黄河"	黄河工程	黄河发展	指导思想	文艺作品	外交	总数
1958	8	16	14	10	7				55
1959	5	5	2	15	15	2			44
1960	5		2	11	8		1	2	29
1961		2			9	3			14
1962		4			9	1			14
1963		6			9	3			18
1964		1			3	3			7
1965		2		1	4	2	1		10
1966						2			2
1967									0
1968				1					1
1969		2			1				3
1970			2		1		7		10
1971	2	1			5	1			9
1972	3			1	7	2	6		19
1973		1	1		3		1	2	8

续表

主题 年份	黄河大桥重要位置	防汛救灾	"跨黄河"	黄河工程	黄河发展	指导思想	文艺作品	外交	总数
1974		2	1	3	3				9
1975				3	1		1		5
1976		1	2		2	7	1	1	14
总数	23	43	24	45	87	23	21	5	271

这一时期《人民日报》的黄河报道特别是黄河工程与黄河灾害报道的手法虽然有所变化，但整体表现出与上一阶段相呼应的特点。

对于黄河灾害，《人民日报》的报道聚焦党的领导和群众参与，表现手法上保持细节描写的特点，继承了上一阶段防灾方面的指导性和救灾方面的动员性。在防灾方面，《人民日报》依旧介绍大量具体的案例，详细给出方法指导群众救灾，确保群众能模仿、能复制，"在容易卡凌结冰的险要地段，都驻有打冰队和爆破队，一旦出现险情，立时破冰打通流道。沿河各人民公社的防凌队伍也动员起来，加强戒备。防凌所需用的石料、麻袋、炸药等器材和运输工具，各地也作了妥善安排"[1]。在救灾方面，《人民日报》继承了上一阶段的特性，弱化灾害本身，继续着力体现党的领导作用和群众的积极参与。"县委第一书记王治国带领工作组，深入回民聚居的通一公社，指挥抢救。全社几十名干部和回族社员一起，用门板把一千七百多亩割倒在地里的麦子运回来"[2]，文章着重体现在党

---

[1] 《黄河下游积极防凌》，《人民日报》1963年1月18日，第2版。
[2] 《德州聊城惠民专区暴雨成重灾 山东各级领导机关大力安排群众生活 宁夏黄河灌区暴雨，受灾地区努力恢复生产》，《人民日报》1961年8月2日，第3版。

第二章 作为文化传承的黄河:改革开放前的报道(1958—1976)

的领导下,群众抢险救灾、恢复生产的过程,突出动员性。除此之外,为了体现出黄河工程建设的作用,《人民日报》使用大量的语言描述黄河工程在防灾方面的重要意义,"三门峡水库从1960年开始拦洪后,使黄河下游的洪涝灾害大大减轻"①,从而为集全国人力物力大力建设黄河工程奠定舆论基础。

对于黄河工程的报道,《人民日报》有了进一步的发展,体现出有序性的特点。"根治黄河水害和开发黄河水利第一期规划中的巨大工程之一——刘家峡水利枢纽工程,已经战胜黄河天险,在今年元旦九时五十分胜利截流。……从1日凌晨二时五十分开始,建设刘家峡水利枢纽工程的一万多名职工,在截流总指挥部的号令下,土洋并举,左右开弓,以每小时五十车次的速度,把大批石料倾泻入黄河,筑起戗堤,高速进占,英勇地同惊涛骇浪和锋利如刀的冰凌搏斗,先后在黄河身上抛投了几千立方米石料,把六十米宽的河道逐步逼窄,最后使戗堤合龙。"② 从文本上看,上一阶段也就是1948—1956年《人民日报》的报道以勘察为主,而这一阶段则加强了对黄河工程建设过程的介绍,具有逻辑清晰的特点。这种有序性也体现在报道的节奏中。例如《人民日报》在这一时期对于刘家峡工程的报道,以报道工程进展为主线,1958年10月报道了刘家峡水利枢纽工程开工,1959年12月刘家峡公路建设加快速度,1960年1月刘家峡水利枢纽工程截流成功。同时,刊登大量抒情性文学作品,例如1960年1月17日的《四断黄河》、

---

① 《山东境内各重点堤段加固堤防、整修险工 开工早的地区,冬修任务基本完成》,《人民日报》1962年11月24日,第2版。
② 《土洋双剑腰斩黄河上游 我国自己设计的巨型水利枢纽建成 刘家峡工程元旦截流》,《人民日报》1960年1月3日,第3版。

1959年2月27日《刘家峡——黄河颈上一颗明珠》等。这种按照事实并穿插抒情作品的报道，使黄河工程的建设始终存在于读者的眼前，整个报道过程显著增加了群众对黄河的关注。因此，从前一阶段的勘察工作，到这一阶段的工程建设工作，从前一阶段的计划工作，到这一阶段的刘家峡、三门峡水利枢纽工程几乎同时开工，《人民日报》黄河工程报道主题体现出逻辑清晰、节奏适中的有序性，整个黄河工程报道内容形成了一个完整、连贯的叙述体系。同时，这种有序性的特点能够使读者形成对黄河工程建设工作的连贯记忆。

对于黄河发展的报道，《人民日报》体现出和前一阶段不同的报道手法和相同的报道理念。这一阶段以黄河优美的风景和沿岸人民的美好生活为主要报道对象。1961年9月6日《黄河源头散记》就是以黄河源头玛多县的优美景色作为报道内容；1962年8月23日《黄河平原镶绿边 宁夏营造的防沙林带发挥作用》则描写了宁夏回族自治区营造的防沙林带起了防护作用后经济社会的一些新发展、新变化，从而展现群众的新生活。而前一阶段《人民日报》则多以人民群众在斗争中获得的成果来表现黄河发展。因此《人民日报》有关黄河发展的报道手法虽然发生了变化，但报道的核心和主题并未改变。

第二节　跟踪式报道：黄河防汛工作的分析

防汛救灾工作历来是黄河工作的重要方面，即使在特殊时期，黄河灾害依旧是上级关注、群众关心的重大事件，而围绕黄河灾害进行防汛救灾报道也是《人民日报》的重要工作。

第二章 作为文化传承的黄河：改革开放前的报道（1958—1976）

一 跟踪式报道的出现

1958年发生了自1919年黄河有水文记载以来最大的洪水，京广黄河铁桥冲垮两孔，造成南北铁路交通中断。《人民日报》对此次洪水进行了跟踪式报道（见表2-2）。

表2-2 1958年7—8月黄河灾害报道统计

时间	报道标题	版面	字数
7月10日	《长江汉江黄河和淮河支流相继出现洪峰》	第1版	324
7月19日	《黄河特大洪峰过了花园口 河南山东人民决心苦战一周战胜洪水》	第5版	1023
7月21日	《黄河特大洪峰入山东寿张两岸防洪大军正在与洪水奋战》	第6版	509
7月25日	《黄河洪峰向利津下泄汉水特大洪峰已入长江》	第6版	353
7月28日	《史无前例的一次伟大胜利》	第5版	1658
7月28日	《资料：一九三三年的黄河洪峰造成的灾害》（配图）	第5版	1082
8月3日	《空前迅速的抢修工程 黄河大桥修复通车》	第6版	681
8月5日	《准备迎击更大洪峰 黄河防汛紧急会议制定防汛新措施》	第5版	485

表2-2中的8篇跟踪式报道中，有3篇超过千字。其中一篇为较长的通讯，内容翔实，报道所涉区域从河南到山东，基本包括了整个黄河下游地区；另一篇超过千字的文章是评论文章，对本次洪水情况及抗洪工作进行总结；还有一篇是资料性文章。其他均为介绍情况的消息类文章，涉及对不同时段洪灾的具体介绍以及对后期收尾工作的概括。在版面的安排上，只有第一篇文章提及多条河流出现洪峰，位置安排在了头版中部，其他为第5版或第6版。从7月17日到整个洪灾跟踪报

道结束，《人民日报》头版至第4版基本为国际要闻与中方的立场声明，本次洪灾报道被放置在第5、6版，基本位于国内新闻第1版，反映了《人民日报》对本次抗洪救灾的重要性持肯定态度。当时整体版面特别是国内新闻版面呈现积极向上的语言风格，所以通讯与消息等灾害新闻整体篇幅较小，标题不突出，位置偏下，客观上弱化视觉效果。相对而言，相关的评论文章配备了资料、图片、导语，提升版面占比，从而凸显本次抗洪胜利的积极意义。

这轮报道是针对黄河灾害的首次追踪式报道，报道过程相对完整。1958年7月17日，黄河郑州花园口发生洪水，19日《人民日报》发布了18日的新华社电讯，对本次洪水的基本情况进行了介绍，包括洪水流量与经过地点、水势发展、对洪峰的预测等，基本做到了反应迅速。7月27日洪水流入渤海，28日《人民日报》针对本次洪水进行新闻评论，通过对中央防汛总指挥部发言人讲话进行总结，用大量数字介绍具体情况，将此次洪水与1933年的洪水相比较，反映了社会主义制度优越性与共产党的正确领导。该篇评论还配备了资料与图片，以显示文章的重要性。8月3日的文章主要针对洪水形成的灾害做后续报道，8月5日以"宣读了中央防汛总指挥部给黄河防汛总指挥部祝贺战胜黄河两万一千秒公方流量特大洪峰的电文"结束了整个报道进程。

由于1958年黄河发生洪水，黄河防汛问题再次进入人们的视野。1959年4月黄委会同志在豫、鲁两省检查涵闸，要求做好度汛准备，5月，在郑州组织召开了黄河防汛会议；6月，邓子恢主持研究黄河防洪问题；7月，郭沫若视察花园口；9月，毛主席再次视察黄河。相对应的，《人民日报》进

第二章 作为文化传承的黄河：改革开放前的报道（1958—1976）

行了及时报道，从1959年5月到8月，从防汛准备工作到黄河洪峰平稳通过花园口并流入大海，《人民日报》通过4篇文章对群众的恐慌情绪进行疏导，让群众了解黄河。

二 跟踪式报道的持续

1963年《人民日报》对防凌的报道是新中国成立以来第二次进行的针对黄河灾难的相对集中的跟踪式报道。凌汛是黄河由于流经区域较长，各地气温不一致，下游河道结冰或冰凌积成的冰坝阻塞河道，而引起河水上涨的现象。1963年《人民日报》就凌汛问题发表了4篇文章（见表2-3），且时间相对集中，报道方式也基本沿用了1958年的跟踪式报道。由于此次凌汛并未造成重大损失，因此《人民日报》本轮报道以消息的方式简短地传达信息，版面位置也是中部偏下，但为了方便群众理解，还配备了相关资料，从而提升了话题的重要性。

表2-3 1963年1—3月黄河凌汛报道统计

时间	文章	版面	字数
1月18日	《黄河下游积极防凌》	第2版	474
2月13日	《答读者：黄河凌汛的形成》	第2版	466
3月8日	《黄河沿岸安全度过凌汛》	第3版	175
3月30日	《空军某部连续轰炸黄河冰坝 河套地带凌汛威胁完全解除》	第1版	359

《人民日报》对黄河灾害的报道基本是跟随着黄河汛期变化进行的，例如1958年3月、1963年3月、1969年3月进行凌汛报道，1969年4月进行桃汛报道，1958年5月、1959年5月、1971年7月、1973年7月、1974年7月、1977年7月

进行伏汛报道。1964年11月进行秋汛报道。报道方式也有了一定的变化，除了跟踪式报道外，还有同题集中等报道方式。例如，1961年6月中央就防汛问题发出指示，8月因宁夏黄河灌区迎来暴雨，《人民日报》发布了简短消息，并对其与德州聊城暴雨进行了同题集中式报道。1958—1976年《人民日报》一共发布黄河防灾救灾报道43篇，其中1960年、1966—1968年以及1970年、1972年、1975年没有相关报道。由于灾难报道无法体现社会主义制度的优越性，同时由于开展大量的水土保持工作以及水利枢纽工程的建设，黄河灾害在不断减少，因此在1958—1976年，黄河灾难报道呈现数量逐渐减少、政治意义逐渐增强的趋势。

第三节 "驯服"黄河：黄河工程的报道分析

治理黄河、发展黄河，根除黄河水害、开发黄河水利，最终使黄河为群众造福，是黄河工程建设的重要目标。为了实现该目标，《人民日报》不仅需要对黄河工程建设进行及时报道，还需要进一步发动群众、组织群众参与到改造黄河的工作中来，《人民日报》从不同侧面报道了"驯服"黄河，即黄河工程建设的过程。

一 黄河工程建设报道数量统计

1957年，黄河干流上第一座控制性工程三门峡水利枢纽工程开工建设；1958年4月下旬，周恩来总理主持召开三门峡水利枢纽工程现场会议，5月，位山枢纽工程开工；8月，青铜峡水利枢纽工程开工，9月，刘家峡、盐锅峡两大枢纽工

第二章 作为文化传承的黄河：改革开放前的报道（1958—1976）

程同时开工。相对应的，1958年到1960年《人民日报》针对黄河工程建设发表了大量报道，报道呈现出文笔深刻、数量偏多的特征（见表2-4）。

表2-4　1958—1960年的黄河工程建设报道

标题	标题	版面	字数
1958年3月13日	《英雄立壮志早日伏黄河 三门峡三年拦洪发电》（配图）	第3版	684
1958年4月9日	《引用黄河水为人民造福 岗李引黄灌溉工程开工》（配图）	第3版	699
1958年6月14日	《变千年祸害为万年幸福 黄河位山水利枢纽全面施工》（配图）	第1版	859
1958年8月28日	《大战青铜峡　征服老黄河 又一个治黄水利枢纽工程开工》（配图）	第2版	563
1958年10月4日	《快速根治黄河 刘家峡、盐锅峡两大水利枢纽工程开工》 （配图2）	第2版	441
1958年10月19日	《南水北调　江河携手 黄委会将引长江水接济黄河》	第2版	839
1958年11月22日	《黄河断流时刻开始了 三门峡水利枢纽工程进入截流阶段》（配图）	第2版	1262
1958年11月27日	《三门峡截流工程神速告成 战斗八天斩断黄河》（配图）	第1版	992
1958年11月27日	《黄河截断了》	第2版	1614
1959年2月27日	《刘家峡——黄河颈上一颗明珠》	第8版	1365
1959年3月10日	《奋战在天险黄河上的女英雄 ——记三门峡的女建设者》	第6版	2917
1959年3月27日	《英雄笑指黄河水 ——三门峡水利枢纽工程一瞥》（配图4）	第2版	133

续表

时间	标题	版面	字数
1959年11月2日	《山东二十万大军腰斩黄河 位山枢纽截流工程全面开工》	第2版	1304
1959年11月25日	《山东好汉斩黄河》（配图）	第2版	2264
1959年12月16日	《黄河截流的日日夜夜》（配图）	第3版	2964
1960年1月3日	《土洋双剑腰斩黄河上游 我国自己设计的巨型水利枢纽建成 刘家峡工程元旦截流》（配图）	第3版	717
1960年1月17日	《四断黄河》（配图）	第5版	2734
1960年1月27日	《根治黄河的又一大型工程 王旺庄枢纽工程动工》（配图）	第2版	428
1960年1月29日	《黄河新装》（文压图）	第4版	2204
1960年1月30日	《黄河新装》（文压图）	第4版	1993
1960年2月1日	《黄河新装》（文压图）	第8版	2221
1960年2月5日	《黄河新装》（文压图）	第8版	2244
1960年2月26日	《宁夏青铜峡枢纽工程胜利截流 当代英雄再斩黄河》	第1版	836
1960年2月26日	《破坚冰腰斩黄河》	第2版	3144

二 黄河工程报道分析

从版面上看，《人民日报》对黄河工程报道较为重视，相关报道一般位于第2版或第3版的要闻版，但极少能够在头版出现。头版文章仅有《变千年祸害为万年幸福 黄河位山水利枢纽全面施工》《三门峡截流工程神速告成 战斗八天斩断黄河》《宁夏青铜峡枢纽工程胜利截流 当代英雄再斩黄河》三篇，《变千年祸害为万年幸福 黄河位山水利枢纽全面施工》位于头版右下角，但配有大图增强视觉效果，提升文章重要性。

第二章　作为文化传承的黄河：改革开放前的报道（1958—1976）

《三门峡截流工程神速告成 战斗八天斩断黄河》位于头版中部，并配有图片，且当天第二版配有《黄河截断了》一文，从而体现黄河三门峡工程的重要性。虽然黄河工程相关文章并没有位于头版头条，在其他版面上也基本处于中偏下的位置，但文章基本配备了图片，增加版面占比，吸引受众注意，从而突出黄河工程的重要性。

从文体上看，对黄河工程的报道手法也延续了黄河灾害的主要报道手法，以消息为主，辅以通讯与特写。少于千字的通讯以介绍黄河新工程为主，内容相对客观，多以具体数字、具体位置、具体功能说明新工程的必要性与急迫性，以简明的文字迅速、及时地报道事件。千字以上的文章以特写为主，表述则更为具体，例如《奋战在天险黄河上的女英雄——记三门峡的女建设者》，通过具体的事迹和直接引语的方式，吸引读者阅读文章，提高群众参与黄河工程建设的积极性。

从写作手法上看，文章多以散文的形式吸引读者的注意，《四断黄河》中，"黄河，暴跳着，翻滚着，呼啸着，掀起巨浪，猛扑两岸和戗堤。几公里长的峡谷，顿时烟尘滚滚，飞沫迸溅……""一个巨浪就把王丁身边的围堰撕开一个裂口——蛟龙眦目张嘴，就要夺人而噬了！刹那间，他，生命系于一发而神色不变，斩钉截铁地下命令：'快填土'！围堰稳住了，王丁告诉同伴：'黄河嘛，你骑着他打，就得打到底。你敢胜利！就一定能够胜利'！"[①] 这样的语言增强了文章节奏感，重复、相似的句式结构，使语言更加有力，更加流畅，同时增强了语言的感染力。大量叹号的使用，能够激发读者的情感共鸣，避免语言表达的单调和乏味。这些文章不仅在语言风格上

---

① 柳梆：《四断黄河》，《人民日报》1960年1月17日，第5版。

借鉴了散文,在表达方面也模仿了散文形散而神不散的写作方式,虽然一篇文章中的典型人物典型事迹较多,但中心思想明确而集中——刘家峡截断工程的胜利。

除了散文化的表现手法之外,为了提高阅读率,这一时期的文章使用了大量的直接引语,以小说式的笔法来吸引受众。《黄河新装》就是以小说式的笔法再现了刘家峡截流时工人们辛勤工作的场景:

> 在庆祝会上,书记同志知道了这件事,他好像对着台下的某一个民工这样问道:
>
> "是你准备回家吗?依我说还不到时候,"书记忽然回头向台后望了一眼,严厉地问道,"这是谁说的我们已经完工了?同志们,我对你们说,还得等等……"他说到这里停住了,谁也不知道为了什么。只见他脸上慢慢浮上了一层笑容,这笑容他们又熟悉而又不熟悉,因为他们在这笑容后面,常常听到一些意想不到的比喻。这时,书记果然举起手来指着露天舞台说:"今天我们只是开一个小会,将来我们还要开大会,庆祝隧洞完工的大会。那时我们不在这里开了,我们要在隧洞里开,要把这个舞台搬到隧洞里,你们也像今天一样坐在隧洞里,知道吗?不是在这里。到那个时候,咱们……"
>
> 被问的人,仿佛着了魔似地惊呆了,不由得呐呐地说:"那么大啊!"
>
> 每个人仿佛都是被问的人,也都说出了同样的话:"是啊,还大得很哩!"
>
> "那还用说,不打完隧洞不回家。"

第二章 作为文化传承的黄河：改革开放前的报道（1958—1976）

一个上了年纪的人，站起来对大家责备地说："小伙子，快把行李打开。你以为你一卷行李，龙王爷就吓跑了吗？我们的锤子不是白敲的，要敲就得敲出第二条黄河来。"①

从中可以看到，这种小说式的写作手法通过建构鲜明的人物形象、生动的场景描绘以及细腻的情感刻画，使读者有身临其境之感，与角色产生共鸣。这种沉浸式的阅读体验让读者不再是旁观者，而是成为故事的一部分。同时文章还使用了一些小的伏笔和转折，有效激发读者持续阅读的兴趣，加深对文章的印象，在相对轻松的阅读体验中，了解黄河截断工程的不易。

从内容上看，这一时期黄河工程报道极少出现对黄河工程进展的报道，《人民日报》主要是在重要节点，例如刘家峡截流成功、枢纽工程动工等，报道工程的艰辛和人们不怕困难、治理黄河的决心。"他们凭着一根绳子，悬在百米以上的高空中，只用脚尖点着岩石，这样，他们就像在一个广大的运动场上一样的手持钢钎工作着。"②"承担这项设计任务的三十五个技术员，都是才从学校毕业三到五年的年轻人，平均年龄不满二十六岁。结果我们仅用了三十四天的时间，就全部完成了设计任务，比原来计划的时间还快了一倍，而且在四千多张图纸中，很少发现有错误。"③ 这种清晰的描述不仅让读者对黄河工程的规模、难度有更加清晰的认识，还能激发读者的敬佩之

---

① 《黄河新装》，《人民日报》1960 年 1 月 30 日，第 4 版。
② 雷加：《黄河新装》，《人民日报》1960 年 1 月 29 日，第 4 版。
③ 刘孟熊：《雄心和虚心 为了设计"黄河上的机器巨人"——三百五十吨门式起重机，我们把革命者的雄心和革命者的虚心结合起来，向一切有经验的人请教》，《人民日报》1965 年 8 月 19 日，第 1 版。

情，传递积极向上的精神力量。同时，在一篇文章中大量描绘典型人物的形象和事迹，可以丰富人物群像，使文章更加立体、饱满。人们不怕艰难险阻进行黄河工程开发，这样的报道内容与当时建设国家的精神是相辅相成的，体现了《人民日报》作为党的机关报集中人民意志、宣传党的主张的重要作用，也充分体现了党的意志、人民意志、国家意志的高度统一。

第四节 使黄河造福群众：黄河利益报道分析

从文本上看，《人民日报》针对黄河的报道主题集中在抢险救灾、黄河工程的实施与黄河大桥建成通车上，这三个主题也能够鲜明展示社会发展的速度。除此之外，水土保持相关主题也逐渐出现在报道中。

一 利益报道数量分析

保持水土，使黄河造福群众，是党中央的重要指示，也是改变黄河形象的重要方式。1959年4月，王化云在第二届全国人民代表大会第一次会议上发言，提出："今后我们必须继续努力，根据'全面规划、综合治理、集中治理、连续治理'水土保持工作的方针，和行之有效的水利与水土保持相结合、小型为主，大、中、小型工程相结合，及山区园林化、沟壑川流化、坡地梯田化、耕地水利化等治山经验，继续鼓足干劲，力争在最短时期内基本上控制水土流失，把穷乡僻壤建设为美好的乐园。"[①]《人民日报》紧跟党的步伐，在王化云发表讲话

---

① 《在第二届全国人民代表大会第一次会议上的发言 根治黄河 造福亿民 王化云代表的发言》，《人民日报》1959年4月30日，第11版。

第二章 作为文化传承的黄河：改革开放前的报道（1958—1976）

之后，1959年发表6篇文章、1960年发表3篇文章提升群众对水土保持的关注度，而在发表讲话之前，如1958年，仅发表相关主题1篇文章。同时，介绍水土保持工作与黄河造福群众的文章数量逐渐上升，1961年到1976年，与黄河相关文章有143篇，其中水土保持与黄河利用文章39篇。"在合作化和人民公社化的实现过程中黄河流域的灌溉工程也发展的很快"，"由于大搞了水土保持，减少了泥沙的流失，有些地方显著地提高了农田抗御旱涝灾害的能力"，"现在这条被人们一直称为害河的河流，经过一年多来的大力治理，已收到了巨大效益"①。

二 水土保持报道的分析

1967年到1977年，《人民日报》水土保持主题的报道数量持续上升。在水土保持主题中，《人民日报》注重群众性，认为水土保持与引黄灌溉是群众性工作，应该进一步动员群众参与，"要管好水用好水，必须坚定地依靠群众，充分发挥群众管水的积极性"②，同时运用大量报道手法来敦促群众参与到这场火热的战斗中。

1. 准确性

文章大量使用数字可能会引起读者的视觉疲劳，甚至会导致文章无法表达中心思想。但在文章《黄河洼地变成米粮仓——记封丘县沿河地区引黄淤灌、改碱种稻的事迹》中，《人民日报》用大量的数字来证明黄河水土保持工作是一个群

---

① 《在第二届全国人民代表大会第一次会议上的发言 根治黄河 造福亿民 王化云代表的发言》，《人民日报》1959年4月30日，第11版。
② 《引黄灌溉 变害为利——河南省黄河下游两岸人民利用黄河水沙资源发展农业生产》，《人民日报》1971年5月28日，第3版。

众性的工作，并起到了动员的效果。

　　接着，三合村大队又把堤北的二千三百亩洼涝盐碱地全部淤灌成为良田，使这个连年吃统销粮的缺粮队，除留足口粮、种子、饲料和储备粮外，连续三年向国家交售粮食十六万多斤。……一九六九年，封丘县革命委员会认真总结了全县二十个大队引黄淤灌、改碱种水稻的经验，加以推广，带动了沿河六十五个大队。他们组织了四万多民工，为完成十二万亩的引黄淤灌、改碱种稻任务而奋战。他们在挖渠开河，修桥建闸，筑堤淤灌工程中，坚持"自力更生"、"艰苦奋斗"的方针，建成大桥闸八十一座，修挖各种渠道一百五十五条，为国家节约了很多资金。①

　　数字的大量运用能够增强文章的准确性，数字是客观、精确的，它们能够直接反映事物的形态、规模等特征。列举具体的统计数据，能够更有力地支撑论点，使读者更容易接受并相信所述内容。《人民日报》文章中准确且大量的数字增强了信息的可信度和说服力。同时因为当时的群众对粮食产量和土地面积有着非常明确的认知和了解，所以上文中对具体产量的数字描述能够使读者对黄河水土保持工作带来的利益产生更加清晰、更加直观的认识，从而促使群众参与到这场工作中来。

　　2. 具体性

　　在使用大量数字的同时，《人民日报》在报道水土保持工

---

① 《黄河洼地变成米粮仓——记封丘县沿河地区引黄淤灌、改碱种稻的事迹》，《人民日报》1970年4月18日，第4版。

第二章 作为文化传承的黄河：改革开放前的报道（1958—1976）

作时会搭配大量的细节描写，使文章生动形象，具有非常强的可读性。

> 指战员们为了在黄河滩上大面积种植水稻，广泛开展了群众性的科学实验活动。副场长宋道亨和一炮连的同志们共同试种了一块大田。播种后不久，小秧苗都整整齐齐地出土了。可是没过三天，秧苗突然由绿变黄，一棵棵死去了。这是什么原因呢？一天，宋道亨和助理员杨同发走过水渠边，突然发现渠中一个马蹄窝里长着几棵嫩绿茁壮的秧苗。这个意外的发现把他们吸引住了。他们把这几棵秧苗连泥带根挖出来带回去，跟大家一起研究。经过分析，原来是，试验田里是死水，盐碱浓度大。水渠里的水天天流动，盐碱都冲走了，所以长在马蹄窝里的秧苗能够茁壮生长。从这里，大家摸索出了"以水洗碱，勤灌勤排"的管水治碱经验，试验成功了大面积水稻育秧。①

文章对指战员们如何发现去除盐碱的场景描写得非常生动形象，具有很强的动态性。这种具体的细节描写营造出探究的氛围，使读者在阅读过程中有强烈的代入感和沉浸感。同时生动有趣的细节能够吸引读者的注意，例如"小秧苗都整整齐齐地出土了"，增加阅读趣味，使读者在阅读中感到愉悦和充实。

当然，文章并没有离开水土保持工作的主旋律，整个细节描写都是围绕着黄河水土流失探究工作进行的，文章通过这种

---

① 《降服碱害——记武汉部队某部农场指战员改造黄河滩》，《人民日报》1972年10月26日，第2版。

细腻的刻画吸引读者的关注，特别是引导读者关注文章的关键信息，从而使读者加深对"以水洗碱，勤灌勤排"方法的理解，在遇到同类问题时能够及时想起并运用。

3. 典型性

《人民日报》通过报道水土保持工作中的典型，在敦促群众参与水土保持工作的同时，使模仿和复制成为可能。1971年2月6日《人民日报》发表文章《大力搞好水土保持 发展山区农业生产——黄河中游山区蓄水保土治山治沟的典型经验》，用4000多字和三个典型来具体说明水土保持工作的做法以及成果。

以下是其中一个典型：

> 常年坚持蓄水保土修建梯田 王李由缺粮队变成了余粮队
>
> 甘肃省秦安县王李大队的贫下中农和社员群众，……大搞以蓄水保土为中心的农田基本建设，六年来移动土石方四十多万立米，在高山坡上修成水平梯田八百二十多亩，植树十八万株，绿化了七条沟一面坡，开挖了十四个共蓄水八千多立米的蓄水塘，还修了连环涝池、拦洪坝等工程。水土流失初步得到控制，为治理黄河作出了贡献。由于保持了水土，生产条件得到改善，粮食产量大幅度上升，由缺粮队变成了余粮队，六年共向国家交售粮食四十三万斤，集体还储备粮食十万斤。
>
> 王李大队地处黄河中游渭河流域，水土流失十分严重。全大队二千七百多亩耕地，分布在大小山坡上。每到雨季，水土大量流失，使耕地肥力减退，粮食产量很低。

第二章　作为文化传承的黄河：改革开放前的报道（1958—1976）

……王李大队贫下中农和社员群众在治山治水的斗争中，摸索出一套保持水土的经验。他们的做法是：全面规划，因地制宜；集中连片，综合治理；层层设防，严密控制；主动进攻，变害为利。从一九六六年起，他们组织了一个有干部、技术员和老农参加的"三结合"规划小组，跑遍了全队山山沟沟，一块地一块地的勘察研究，那里建设粮食生产基地，那里植树种草，那里挖塘蓄水，一一进行了规划，做到使干部和群众心中有数。在治理的时候，从上到下，集中连片，治一坡成一坡，治一沟成一沟。他们修的八百多亩水平梯田，全部集中在三个山头，既有效地控制了水土流失，又便于耕作管理。植树原来是这里栽一片，那里种几棵，人折羊啃，种树不见树。后来集中在七条沟一面坡上种树，全部绿化，收到了蓄水、固坡、保田的效果。在治理措施上，因地制宜修梯田，挖连环涝池、蓄水塘，筑拦洪坝，植树种草，做到从上到下层层控制。在控制水土流失的斗争中，他们还……搞起了"坡地涝池沟底坝，山腰渠道水口塘"，雨天蓄水拦洪，旱天浇地保收，把水害变成了水利。①

文章通过具体描述典型村庄在治理过程中遇到的困难、解决问题的做法以及取得的成果，使群众产生强烈的情感共鸣，有效传递正能量和正面价值观。这样一个报道，使"水土保持"不再是一个高高在上、存在于文件中的名词，而是一项能够实际落地、被模仿、被复制的工作。

---

① 《大力搞好水土保持 发展山区农业生产——黄河中游山区蓄水保土治山治沟的典型经验》，《人民日报》1971年2月6日，第3版。

这种可模仿性和典型性在后期的文章中依旧不断出现，例如 1971 年 5 月 26 日第 3 版《利用黄河水沙资源 建设稳产高产农田——山东省沿黄河下游两岸引黄淤灌发展农业生产的经验》、1971 年 5 月 28 日第 3 版《引黄灌溉 变害为利——河南省黄河下游两岸人民利用黄河水沙资源发展农业生产》、1971 年 10 月 31 日第 2 版《黄河故道换新颜——记鲁西南黄河故道人民改造沙荒碱滩的事迹》，通过报道大量具体的、可模仿的案例，《人民日报》成为一份能够理解群众且能够真正指导实际工作的报纸、一份能够深入浅出宣传党的方针政策的机关报。

虽然写作手法各式各样，但归根结底，《人民日报》想通过这些方法，从不同角度使群众了解到水土保持是一项需要依靠群众、动员群众的工作，是一项需要依靠集体经济的优越性，发挥集体智慧和力量的工作，从而能够更好地促进群众参与到这场工作中来，使黄河早日成为一条能够造福人民的母亲河。

第五节　中华民族的重要象征：黄河形象的深化

1957 年，中国共产党八届三中全会通过了《一九五六年到一九六七年全国农业发展纲要（修正草案）》。该文件明确提出，在 5—7 年内全国粮食产量要实现"四五八"的奋斗目标，即黄河以北亩产 400 斤，黄河以南长江以北 500 斤，长江以南 800 斤。这一时期的报道虽然提及黄河较多，但部分内容与黄河本身并不存在关联性，从这时起，黄河文化内涵中的象征性开始凸显。"使每亩产粮达到了五百斤以上，'跨过了黄

第二章 作为文化传承的黄河：改革开放前的报道（1958—1976）

河'","既要'渡黄河'又要'跨长江',石门宋社争取今年成为千斤社"。① 只从媒体记忆的角度出发,"渡黄河"从一个决定粮食产量的地理性词语逐渐变成与阶级斗争等政治词语一同出现的政治语言,这使"黄河"作为高频词不断出现在受众视线内,促使群众拥有更多的对黄河本身的记忆的同时,也增强了黄河的象征性,"黄河"从一个单纯的地理词语、一个重要的地理坐标逐渐成为带有强烈的政治意义的形象,象征着人民群众对社会发展的向往。

黄河的象征性也体现在"文化大革命"期间《人民日报》报道的与黄河相关的文艺作品上,具体包括《黄河》钢琴协奏曲与《黄河大合唱》相关的报道。《人民日报》中关于《黄河》钢琴协奏曲的文章,共有 16 篇。文体以消息和通讯为主,辅以图片报道,消息文章简短,主要介绍在何处、为谁演出,而通讯文章篇幅长,即使是短篇也均在千字以上,长的则达到 6000 字,占据整版。刊登版面也较为均匀,从头版至底版均有涉及（见表 2-5）。

表 2-5 《人民日报》上与《黄河》钢琴协奏曲相关的报道

时间	文章	版面	字数
1970 年 4 月 30 日	《为纪念毛主席的〈在延安文艺座谈会上的讲话〉发表二十八周年 闪耀着毛泽东思想灿烂光辉的革命样板戏将再度公演 同时公演无产阶级革命文艺的新品种——钢琴协奏曲〈黄河〉》	第 1 版	450

---

① 《既要"渡黄河"又要"跨长江"石门宋社争取今年成为千斤社》,《人民日报》1958 年 1 月 4 日,第 2 版。

续表

时间	文章	版面	字数
1970年5月17日	《人民战争的壮丽颂歌——评钢琴协奏曲〈黄河〉》	第2版	6940
1970年5月19日	《无产阶级器乐革命的新成就——赞钢琴协奏曲〈黄河〉》	第2版	6823
1970年5月20日	《战斗的乐章 光辉的形象——赞钢琴协奏曲〈黄河〉》	第4版	2377
1970年5月20日	《英雄气概壮山河——欢呼钢琴协奏曲〈黄河〉胜利诞生》	第4版	1203
1970年5月20日	《器乐的大革命——赞钢琴协奏曲〈黄河〉》	第4版	1015
1970年11月13日	《北京市革委会举行文艺晚会热烈欢迎叶海亚·汗总统 叶海亚·汗总统由周恩来总理等陪同欣赏了钢琴协奏曲〈黄河〉和革命交响音乐〈沙家浜〉》	第1版	378
1972年2月13日	《革命现代舞剧〈白毛女〉等两部彩色影片摄制完成 其中一部包括钢琴伴唱〈红灯记〉、钢琴协奏曲〈黄河〉、交响音乐〈沙家浜〉》	第1版	268
1972年3月2日	《新的探索 新的收获——赞钢琴伴唱〈红灯记〉、钢琴协奏曲〈黄河〉、革命交响音乐〈沙家浜〉彩色影片》	第4版	4119
1972年3月14日	《沿着毛主席的无产阶级文艺路线胜利前进——革命现代舞剧〈白毛女〉、钢琴伴唱〈红灯记〉、钢琴协奏曲〈黄河〉、革命交响音乐〈沙家浜〉彩色影片剧照》	第4版	图片
1972年3月23日	《气魄宏伟 激情澎湃——赞钢琴协奏曲〈黄河〉彩色影片》	第4版	1958

第二章　作为文化传承的黄河：改革开放前的报道（1958—1976）

续表

时间	文章	版面	字数
1972 年 5 月 12 日	《平壤集会热烈欢迎中国上海舞剧团 朴成哲、杨亨燮、金炅炼等出席 朴永信和徐景贤先后讲话 革命现代舞剧〈白毛女〉和钢琴协奏曲〈黄河〉首次演出受到热烈欢迎》	第 6 版	1318
1972 年 12 月 2 日	《日本朋友首次演奏钢琴协奏曲〈黄河〉》	第 5 版	209
1973 年 12 月 9 日	《巴黎演奏中国钢琴协奏曲〈黄河〉受到欢迎》	第 6 版	123
1975 年 1 月 22 日	《菲律宾交响乐团首次演出钢琴协奏曲〈黄河〉》	第 6 版	171
1976 年 2 月 10 日	《加拿大麦克马斯特大学交响乐团演奏〈黄河〉》	第 5 版	151

《黄河》钢琴协奏曲是以黄河作为背景创作的文艺作品，因此《人民日报》在报道这一钢琴协奏曲时不仅对其艺术形式与风格进行了分析，而且将黄河本身作为"基底"进行文化解读，在解析这一钢琴协奏曲的同时，也突出了黄河本身的象征性。文章《无产阶级器乐革命的新成就——赞钢琴协奏曲〈黄河〉》，认为《黄河》"以抗日战争为历史背景，以黄河象征中华民族，运用革命现实主义和革命浪漫主义相结合的创作方法，热情地歌颂了中国人民不屈不挠的英雄气概和光荣斗争的历史"[①]。文章《战斗的乐章 光辉的形象——赞钢琴协奏曲〈黄河〉》提到，"钢琴协奏曲《黄河》以强烈的革命激

---

① 任文欣：《无产阶级器乐革命的新成就——赞钢琴协奏曲〈黄河〉》，《人民日报》1970 年 5 月 19 日，第 2 版。

情,雄伟磅礴的气势,表现了中华民族不屈不挠的英雄气概,突出了中国人民'要压倒一切敌人,而决不被敌人所屈服'的革命精神,成功地塑造了中国无产阶级和革命人民的英雄形象"①。《人民日报》通过解释《黄河》的文化背景,将黄河与中华民族连接、将黄河与民族精神连接,而这种关于黄河的解析正体现了《人民日报》所着力塑造的黄河形象以及黄河文化的内涵。除此之外,《人民日报》还通过消息的形式将黄河建构为中华民族的象征。1970年11月,巴基斯坦伊斯兰共和国总统阿迦·穆罕默德·叶海亚·汗将军及其随行人员欣赏了《黄河》钢琴协奏曲;1972年5月,上海舞剧团在平壤市演出钢琴协奏曲《黄河》;1972年12月,日本横须贺交响乐团在横须贺文化会馆演奏了钢琴协奏曲《黄河》;1973年12月,在巴黎爱丽舍田园剧场举行的音乐会上,音乐家演奏了中国钢琴协奏曲《黄河》;1975年1月,菲律宾国家交响乐团演出了中国钢琴协奏曲《黄河》;1976年2月,加拿大麦克马斯特大学交响乐团演奏了钢琴协奏曲《黄河》。由于能够体现民族精神,《黄河》钢琴协奏曲常在欢迎外宾来访或巩固双边友谊等重要时刻进行演奏,"黄河"作为一个符号逐渐与外宾、国家、民族相关联。虽然这类文章通常以消息方式简要表达主旨,但"黄河"一词逐渐在国内外成为中华民族的重要代名词。

除此之外,《人民日报》在1976年3月12日第4版发表了题为《黄河奔流 樱花烂漫——日本名古屋电气工业高等学校吹奏乐团访华演出观后》的文章,"来自'樱花之国'"

---

① 红雨、刘宗明:《战斗的乐章 光辉的形象——赞钢琴协奏曲〈黄河〉》,《人民日报》1970年5月20日,第4版。

第二章　作为文化传承的黄河：改革开放前的报道（1958—1976）

"樱花是日本的花""日本人民喜爱樱花"等表述，将樱花塑造成日本的象征。相对应的，《人民日报》挑选了对中华民族同等重要的"黄河"与标题中的"樱花"形成对仗，在这里"黄河"被视为中华民族的象征，象征中日两国友谊源远流长。

第三章

作为资源开发的黄河：21世纪之前的报道（1977—1999）

在 1977 年到 1999 年的 22 年间，《人民日报》进行了两次改版，分别是在 1980 年 1 月 1 日从 6 版改为 8 版、在 1995 年 1 月 1 日从 8 版改为 12 版。1980 年改版是改革开放后的首次改版，恢复 1956 年的 8 个版面，丰富改革开放与经济社会建设信息。1995 年，《人民日报》再次扩版。这是继 1956 年 7 月 1 日以来，《人民日报》第二次扩版，版面从原来的 8 个扩大到 12 个。随着《人民日报》版面的增加，《人民日报》中黄河相关文章的数量也有所增加。

1978 年起中国实行改革开放，中国经济进入飞速发展阶段。党的十四大确定建立社会主义市场经济体制，从而开辟了中国特色社会主义市场经济体制改革的新阶段。从表 3-1 与图 3-1 来看，这一时期与黄河相关的文章随着时间的推移总体呈现逐步增加的态势，而黄河相关文章的内容也随着经济的发展有着相应的变化。随着改革开放以及中国经济的飞速发展，黄河大批工程进入全面利用阶段，但随着黄河开发而来的是大量的污染问题，因此这一时段《人民日报》关注

第三章　作为资源开发的黄河：21世纪之前的报道（1977—1999）

的问题虽然也包括之前阶段关注的防洪救灾问题、黄河开发利用问题，但关注的重点发生了变化，黄河本身的内涵与历史也在《人民日报》的报道中变得越发厚重。从这一时期开始，《人民日报》对黄河的报道对受众民族意识的建构有着深刻影响。因此这一时期的报道主题可以总结为：利用好黄河水资源，治理好黄河水害，建设好黄河生态环境，使黄河造福中华民族。

表 3-1　1977—1999 年黄河相关报道数量统计

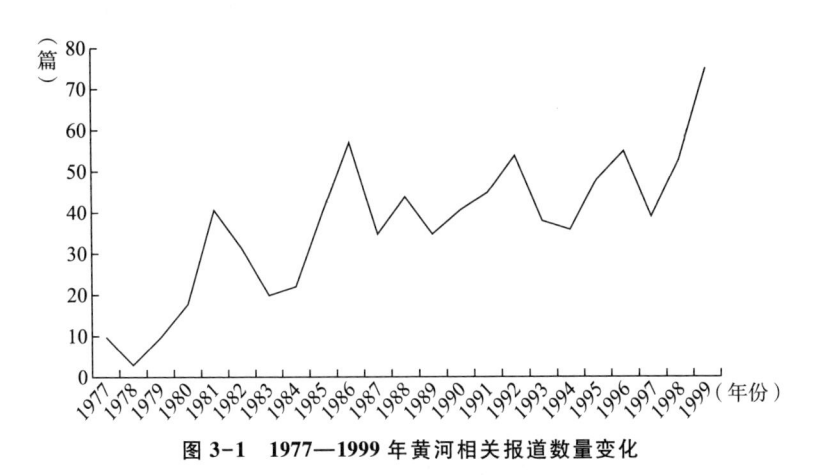

时间（年）	1977	1978	1979	1980	1981	1982	1983	1984	1985
数量（篇）	10	3	10	18	41	32	20	22	40
时间（年）	1986	1987	1988	1989	1990	1991	1992	1993	1994
数量（篇）	57	35	44	35	41	45	54	38	36
时间（年）	1995	1996	1997	1998	1999				
数量（篇）	48	55	39	53	75				

图 3-1　1977—1999 年黄河相关报道数量变化

第一节　利用好黄河水资源

黄河流域各族人民在党和国家的统一规划下，治理黄河取得巨大成绩。1977 年到 1999 年的报道继承了 1958 年到 1976 年间以黄河发展为主的报道基调，但黄河发展报道的核心发生了变化。1958—1976 年，《人民日报》对黄河发展的报道以黄河带来的利好作为背景，主要目的是展示社会主义制度的优越性。党的十一届三中全会召开后，黄河报道以多年来开发黄河取得的成绩为主，朝着服务群众的方向发展。在为人民服务的主要目标下，《人民日报》又列出了部分小目标，以具体表述黄河带来的利好与黄河开发取得的优异成绩，而这种利好也与时代、与群众需求相挂钩。

一　建设农林牧综合发展的农业基地带

解决黄河沿岸群众的生活问题，建设富饶的农林牧综合发展的农业基地带是开发和治理黄河的重要议题。《人民日报》也按照从治理水土流失到深层次开发的顺序报道黄河沿岸发展。先是营造黄河防护林，"大规模植树造林，治理水土流失，促进了农业的全面发展"，清沙除淤，引黄灌溉，增加灌溉面积，使碱地变为良田。伴随着黄土高原从单一农业发展向以林牧业为主的转化，人们建设养羊基地，改造养鱼池塘，"在水土流失严重的黄土高原上，出现了大量的家庭农牧场、林场、果园和林果加工基地"。[①]《人民日报》前期报道特别是

[①] 何东君、林文堂：《承包治理黄河中游小流域　内蒙古四万多户农牧民摆脱贫困》，《人民日报》1985 年 10 月 17 日，第 1 版。

第三章 作为资源开发的黄河：21世纪之前的报道（1977—1999）

1990年前以黄河流域的治理与发展解决了长期未能解决的群众温饱问题为主。"到1990年底，'七五'计划所规定的国民经济和社会发展各项指标绝大部分完成或超额完成，提前实现了第一步战略目标……人民生活水平进一步提高，全国绝大多数地区解决了温饱问题，开始向小康社会迈进"①，因此《人民日报》后期报道中，特别是1995年以后，农业开发类报道急剧减少，报道内容也从群众温饱问题逐渐转向深层次开发。黄河流域建设"高效大农业区"，形成农林牧副渔全面发展的新格局；"以水兴电 以电兴工 以工促农"，建成黄河经济带。②在报道数量逐渐减少的基础上，《人民日报》这一时期的黄河报道表现出将农业与其他产业相结合的特点。这是《人民日报》报道黄河农业深层次开发的重要表现。黄河农业与黄河治理之间有着相互依托的重要关系，"水土流失是黄河中游黄土高原地区农业生产上一个突出的问题，也是黄河为害的根源。……黄土高原的水土保持工作已经迈向一个新的发展阶段"③；而农业与林业之间也有相互促进的关系，"林业的发展，改善了自然环境，为农业增产创造了良好的条件，还为社队集体发展农业机械和水利事业提供了资金。……一片片一条条绿色天然屏障，改善了自然条件，减轻了风沙水旱雹等自然灾害，调节了气候，有效地保护了农作物的生长；同时，给农业提供了好肥源……林业的收入还为装备农业提供了资金，粮

---

① 本书编写组编著《党的十九届六中全会〈决议〉学习辅导百问》，党建读物出版社、学习出版社，2021，第98页。
② 马应珊：《以水兴电 以电兴工 以工促农 青海建成黄河经济带》，《人民日报》1997年2月13日，第4版。
③ 《加速改变黄土高原面貌 参加黄河中游地区水土保持工作会议的同志表示战天斗地的决心》，《人民日报》1977年7月5日，第2版。

食逐年稳步增产"①；农业与黄河工程建设之间也有密切的关系，"在建的龙羊峡水电站工程，……可提高黄河上游沿河各省区的工农业用水量"②。与此同时，黄河本身的污染问题也不可避免地出现在农业报道中，"利用污染严重的水灌溉农田，已造成农业减产甚至绝产"③。这一时期《人民日报》的黄河农业报道已经不再单纯地关注农业，转而将农业看作黄河开发的重要组成部分。

在不同产业结合的基础上，《人民日报》根据国家规划，报道黄河全面发展的新格局。但《人民日报》报道中农业发展的核心地位从未改变，保证农业生产的方向从未变化，农业始终是黄河发展的重要支撑。虽然话题朝深层次方向转变，且数量有所减少，但报道内容的广度、深度以及对国家政策与指导的关注度并未减少，因此报道呈现出综合性的特点，农业成为综合发展的一部分，"黄河中下游各地区，情况复杂，条件各异，开发黄河只能从实际出发，因地制宜，因时制宜，不拘一格，多种多样。大致说来，不外三个方面、沿黄农业区，沿黄工业带，沿黄旅游群。就每个方面说，亦是多种多样。在农业区是宜农则农，宜林则林，宜牧则牧，宜渔则渔。"④ "内蒙古是1988年9月加入黄河上游多民族开发区的，很快就抓住了能源、交通和农

---

① 王银坦、刘天剑、尹韵秋：《黄河故道的"绿色金库"——记尉氏县植树造林兴业致富的事迹》，《人民日报》1982年2月7日，第2版。
② 姚力文：《黄河上游的呼唤 龙羊峡至青铜峡河段水能资源考察札记》，《人民日报》1986年8月23日，第2版。
③ 赵新院：《黄河水质受污染日趋严重》，《人民日报》1985年3月28日，第7版。
④ 蒋映光：《怎样看待黄河？怎样开发黄河？——黄河中下游地区经济资源开发研讨会侧记》，《人民日报》1989年3月31日，第6版。

第三章 作为资源开发的黄河：21世纪之前的报道（1977—1999）

业开发三大项。"① "黄河—新海经济带的开发是一个大系统。这个大系统包括十个子系统：一、全国最大的农林牧综合发展的农业基地带……"②特别是《人民日报》关于黄河三角洲农业开发的报道，足以证明在国家对黄河的规划中，农业始终是重要的组成部分。1987年7月《人民日报》在头版位置就发布了文章《近代黄河三角洲农业资源丰富 山东完成综合考察及开发利用研究》，"提出了农林牧综合开发利用、促进农村经济发展的设想和建议"③，"国家立项的农业开发区之一——黄河三角洲，自1988年以来，开发工作进展顺利，昔日荒凉的盐碱滩，正在逐步变为一块块新的绿洲"④。"3年来，黄河三角洲地区累计开垦荒碱地57万亩，年增粮棉产量分别达1亿公斤和10万担以上；累计改造中低产田81万亩，每亩生产能力平均增长15%。"⑤"以农业开发为主线，在三角洲建设国家级农业生产基地。"⑥

《人民日报》"将农业放到了一个较为特殊的位置，认为农业的繁盛发达，推动了整个中华文明发展的进程，对天文、数学、物理、地理、水利、纺织等学科的发展都具有显著的催

---

① 郅振璞：《黄河上游的希望之路——费孝通、钱伟长与甘青宁内蒙古负责人恳谈》，《人民日报》1990年3月26日，第2版。
② 杨承训：《积极开发黄河——新海经济带》，《人民日报》1991年5月22日，第5版。
③ 《近代黄河三角洲农业资源丰富 山东完成综合考察及开发利用研究》，《人民日报》1987年7月14日，第1版。
④ 蒋亚平、贺跃进：《昔日盐碱滩 今朝变绿洲 黄河三角洲农业开发进展快》，《人民日报》1990年4月17日，第1版。
⑤ 朱文志、侯严峰：《黄河三角洲农业开发喜获成果 3年开垦荒碱地57万亩改造中低产田81万亩》，《人民日报》1991年8月20日，第1版。
⑥ 戴玉庆：《黄河举起的一片沃土——对开发黄河三角洲的调查与思考》，《人民日报》1993年9月24日，第2版。

化作用。这一观点符合我国社会发展的实情，对于我国今后的可持续发展，也具有启迪意义。"① 作为第一产业，作为国民经济的基础，农业发展始终是黄河开发与发展的重要一环，建立农林牧综合发展的农业经济带为黄河其他产业开发与发展奠定基础。因此农业虽然不再是《人民日报》黄河报道中最重要的话题，但《人民日报》黄河开发报道始终离不开农业，农业在报道中的核心地位从未改变。

二 水利枢纽开工建设

开发黄河本身的丰富资源，是黄河发展的重要标志。从1957年黄河干流上第一座控制性工程——三门峡水利枢纽工程开工建设，到1999年黄河上游水电、中游煤炭、下游石油给经济发展带来巨大优势，《人民日报》对此进行了全面的报道。1985年黄河上游四电站发电超千亿度，1990年黄河三角洲建起重要石油基地，黄河两岸成了能源流域。同时，黄河治理工作使黄河不再是过去的灾河，逐渐承担起航运的职能，1985年国家开始开发黄河中游试通航，振兴西北经济；1992年"以修建黄河海港和发展交通为起动点，推动三角洲成为环渤海湾的一个重要经济枢纽"；② 1998年首次开发黄河上游航运。而黄河水本身也有了重要作用，1981年引黄济津、1989年引黄济青，解决了人民群众赖以生存的水资源问题。《人民日报》在黄河资源方面的报道主题相对明确，以黄河工程带来的利好为主，逐渐向各个方面辐射，使受众意识到黄

---

① 何堂坤：《展现悠久的黄河文明——读〈黄河与科技文明〉》，《人民日报》2000年4月27日，第11版。
② 戴玉庆：《黄河举起的一片沃土——对开发黄河三角洲的调查与思考》，《人民日报》1993年9月24日，第2版。

不仅能够带来看得见摸得到的农业生产优势,还能带来大量工业生产方面的利好。

三 旅游业等第三产业发展

改革开放成效不断显现,中国经济进入高速增长时期,国民收入不断提升,生活方式也在不断变化,群众在满足衣食住行等基本生存需求的同时追求精神享受。换言之,群众不再满足于黄河在农业、工业方面带来的利好,《人民日报》将黄河作为重要地标,报道主题向旅游业等第三产业过渡,国家社会的发展进程与历史阶段性特征在媒体记忆中得到了映射。1986年4月22日,《人民日报》第2版发表文章《黄河上新开发了一个旅游区》。1987年6月9日第2版经济版发表《九曲黄河成为旅游热线》,依旧是以消息的方式综合介绍"黄河游"旅游项目。1991年7月26日第3版教育·科技·文化版发表《九曲黄河育明珠——记黄河旅游区环境的综合治理》,介绍旅游区多年来的治理工作。1992年4月12日第8版发表《黄河口四大景观》,以短消息的方式介绍了黄河口美景。1996年10月3日第1版要闻版发表《黄河壶口瀑布游人倍增》,直接用数据说明相较于1994年黄河旅游人数增加了两倍。从版面位置上看,黄河旅游发展的重要性逐步提升。经过十年的发展,黄河旅游业已经逐渐成为《人民日报》需要重点关注的话题。

四 黄河生态环境认识变化

在经济飞速发展的过程中,《人民日报》报道中人们对黄河生态环境的认识也在不断变化。《人民日报》从1995年开始关注黄河生态环境问题。1995年之前的黄河生态变化报道，以群众需求为先，着力保证群众生活，《人民日报》关于生态建设的文章，以林草建设、保持水土为主，主要目的在于解决群众基本生存问题。1995年之后，随着经济建设带来的环境破坏逐渐增多，《人民日报》的报道更加注重生态环境的保护，1994年黄河入海口成为鸟类乐园，230多万亩地被开发为国家自然保护区，1995年黄河口天鹅成群，1996年珍稀水禽飞抵黄河沙洲越冬，1998年青海启动源头环保工程，突出水源涵养功能，全面保护黄河上游生态环境，报道主题从过去的生态环境改变向生态环境保护转变。从1992年开始，我国生态文明建设进入注重可持续发展阶段。从环境保护到可持续发展，党和国家对生态文明的认识和建设实践有了重要推进。因此《人民日报》黄河报道也提出走资源开发与环境保护并重的可持续发展之路。"坚持经济、生态和社会效益相统一，坚持资源、人口、环境相协调，走可持续发展之路"①，成为《人民日报》报道的重要主题。

第二节　治理好黄河水害

1977年到1999年间《人民日报》发布的防洪救灾新闻数量明显减少，且发布的规律性较强，在有洪水的年份，报道数量较多且集中；在没有洪水的年份，报道数量少，内容以修堤建坝为主。从《人民日报》报道的内容来看，防洪救灾新闻减少的原因在于，首先，从1957年三门峡水利枢纽工程开工

---

① 张松、相国、教连：《黄河三角洲开发渐入佳境》，《人民日报》1999年8月16日，第2版。

第三章 作为资源开发的黄河：21世纪之前的报道（1977—1999）

建设起，黄河上中游建设了大量的水利工程，水利工程使黄河流量能够被调节，具有一定的防洪作用；其次，黄河水得到了充分的利用，黄河沿岸经过水土保持等方面的治理，可以进行引黄灌溉等工作，减少了洪灾发生的可能；最后，《人民日报》在气候正常的年份进行的黄河防洪救灾报道以修建堤坝为主，经过与黄河约50年的斗争，黄河沿岸的堤坝已经能够较好地保证群众安全。

一 跟踪式报道的发展

1981年8—9月青海省兴海县唐乃亥以上地区连续降雨，"45天洪量120亿立方米，是该地区近200年一遇的大洪水，严重威胁龙羊峡水电站施工围堰和兰州至内蒙古包头段沿黄地区工农业生产及人民生命财产的安全"。9月11日上午，"国务院有关领导听取了中央防汛办公室和水利部、电力工业部有关黄河上游洪水情况的汇报"；12日李鹏亲临工地指导防汛；13日国务院向青海、甘肃、宁夏、内蒙古四省（区）人民政府和水电四局再次发出了抗洪抢险的紧急通知；直至18日，"龙羊峡堰前出现最高洪水位2494.78米，历12小时后，才开始回落"；26日洪峰经过包头河段，黄河上游抢险取得决定性胜利。同时中游河段于8月底9月初连续发生大暴雨，花园口出现本年汛期最大的一次洪峰。① 这次洪水也造成封丘曹岗险工出现险情，经过50天抢险才控制住险情。

《人民日报》对此次抗洪抢险作了跟踪式报道（见表3-2）。

---

① 参见黄河水利委员会黄河志总编辑室编《黄河大事记》，黄河水利出版社，2002，第452页。

表 3-2　1981 年 9—10 月黄河灾害报道统计

时间	文章	版面	字数
9 月 12 日	《黄河上游发生较大洪水　国务院有关领导同志听取了情况汇报，青海甘肃宁夏内蒙古及时部署防汛》	第 1 版	395
9 月 13 日	《国务院向青海甘肃宁夏内蒙古和龙羊峡水电站发出紧急通知　集中全力加强黄河上游防汛工作确保工农生产和人民生命财产安全》	第 1 版	659
9 月 13 日	《黄河上游洪水已进入宁夏境内　宁夏十万军民日夜防洪抢险》	第 1 版	438
9 月 14 日	《国务院向四省区和龙羊峡水电工程局再次发出紧急通知　再接再厉全力以赴战胜黄河上游洪水》	第 1 版	869
9 月 14 日	《发扬一不怕苦二不怕死的革命精神　军民同心协力　奋勇抗洪抢险》（配图）	第 1 版	1475
9 月 15 日	《龙羊峡军民奋力加固围堰锁住"龙头"　内蒙古干部和群众加紧准备迎战大洪峰　包兰、兰新、兰青铁路沿线职工积极防洪》	第 1 版	617
9 月 16 日	《各级领导干部亲临第一线同群众一起抗洪抢险　龙羊峡军民展开确保围堰安全的决战　刘家峡主副坝加高加固工程提前完成　龙羊峡库区受洪水威胁的少数民族农牧民已撤到安全区》（配图）	第 1 版	765
9 月 17 日	《抢在洪峰前面的人 ——记军民奋战加高加固刘家峡水坝》	第 4 版	1460
9 月 19 日	《龙羊峡水位趋于稳定　刘家峡泄洪量逐步减少》	第 1 版	494
9 月 20 日	《中央防汛总指挥部致电　祝贺龙羊峡水电站工地战胜洪水　勉励防汛的全体同志再接再厉，继续提高警惕，确保工程安全》	第 1 版	415

第三章 作为资源开发的黄河：21 世纪之前的报道（1977—1999）

续表

时间	标题	版面	字数
9月20日	《黄河洪峰顺利通过宁夏 四省区军民密切注意雨水情，再接再厉夺取防洪斗争全胜》	第1版	491
9月21日	《黄河最大洪峰进入内蒙古 三盛公黄河枢纽工程开闸分洪》	第1版	150
9月21日	《龙羊峡军民奋力抗洪护堰 19日，龙羊峡水位达到2494.78米，但围堰仍然高出水位6米多》	第4版	1152
9月24日	《"华西秋雨"与黄河水患》	第2版	614
9月27日	《党中央国务院军委向青海甘肃宁夏内蒙古致电 祝贺黄河上游抗洪取得决定性胜利 希望再接再厉，防止和战胜在落水期间可能发生的险情》	第1版	1159
9月27日	《黄河洪峰已顺利通过内蒙古包头河段 青海甘肃宁夏内蒙古四省区各族人民安然无恙》	第1版	926
9月27日	《龙羊峡水电站恢复施工 青海省贵德等五县群众返回家园》	第1版	384
10月9日	《黄河上游洪峰安全入海》	第1版	107
10月17日	《马信同志在宁夏抗洪胜利表彰大会上指出 工程生物措施并重 增强黄河抗洪能力》	第4版	426

此轮抗洪抢险报道是《人民日报》进行的较为完整而典型的灾难报道。报道历时一个多月，集中在 9 月 13 日到 27 日，其间发表文章 16 篇，从国务院发出抗洪部署开始。报道以消息为主、通讯为辅，部分文章有配图。9 月 13 日洪水侵袭，《人民日报》以头版两篇文章报道了党对洪水的关注以及抢险救灾的具体情况。13 日、14 日黄河灾害报道连续两日占据报眼位置，特别是 14 日两篇文章首尾相连，占据头版 1/4

个版面。16日、19日的相关文章依旧在报眼位置。洪水得到基本控制后,作为重要转折点,《人民日报》20日以"祝贺龙羊峡水电站工地战胜洪水"作为主标题,将文章放在了头版头条的位置,并使用花线将整篇文章围住,放大主标题字号。这篇文章虽然只有400余字,属于篇幅较小的消息,但依旧成为整个版面的视觉重点,反映了《人民日报》对黄河险情的关注度。从20日开始,黄河洪水势头减弱,报道内容也随之减少,9月27日险情基本结束时,《人民日报》以三篇文章来点明党、群众以及黄河工程三个不同主题,三篇文章占据头版下半版位置,吸引受众注意。因有9月26日鲁迅诞辰100周年等重要事件,洪水报道的连续性受到影响,但文章的数量以及位置足以说明《人民日报》对黄河洪水的重视程度。

从内容方面看,《人民日报》主要以消息的形式介绍洪峰情况,预测洪峰到来时间,以集中报道的方式反映群众受灾情况及各省救灾情况,穿插介绍党和政府的指导以及军队参与抢险救灾的情况,同时以特写的形式报道灾害中的温情时刻,报道对象多样化。相较于新中国成立初期的灾难报道,此次救灾报道整体基调有了一定的调整。总的来看,本轮报道的基调较为积极稳妥,虽然其间出现了之前少见的灾难描述性报道,"连日来,兰州市广大群众投入紧张的抗洪斗争。甘肃省和兰州市的负责干部昼夜值班,亲临第一线指挥。军民参加抢险的已达15000多人,抢修加固河堤1万多米。受洪水威胁的社员和居民890多户,4400多人已安全撤离。市内自来水主要供应地马滩,三面被洪水包围,堤坝出现险情"①,但《人民日

---

① 姜卯生、安晓平、张万象:《发扬一不怕苦二不怕死的革命精神 军民同心协力 奋勇抗洪抢险》,《人民日报》1981年9月14日,第1版。

报》将对灾难的描述夹杂在抢险救灾报道过程中,并未凸显洪水的灾难性,而是较为客观地反映整个过程中党和政府以及军队的援救措施和善后处理,同时第一时间发布洪水情况以及群众的受灾情况,做到舆论引导及时有力。在写作手法上,《人民日报》以数字表述具体情况,并通过大量的细节描写还原当时场景,"永靖县三塬公社一位年近六旬的老人,他名叫王进喜,几天前得知刘家峡险情的消息,就到大队里要求参加民工队。大队领导说他年岁大,不同意,他生气地说:'人老怎么啦,人老骨头硬,不怕摔打,哪一点比不上小伙子?'为了达到出征的目的,他又苦苦哀求说:'还是让我去吧,为大坝出点力,好叫心里踏实些'。果然,他这一手奏了效,大队民工的名册里,写上了他的名字。……就是因为三千军民都是走在时间前面的人,走在险峰前面的人,有讲究速度和效率的最佳精神,才使得刘家峡大坝加高加固工程于16日12点钟提前完成。一条黄土副坝长354米,高3.6米,主坝长546米,高2.3米,底宽均为4.9米的子埝,宛如一道新的长城,巍然屹立在刘家峡水库大坝之巅。"[①] 报道在使受众具体了解情况的同时,突出体现人文关怀,传达一切以人民为重的价值观念。

二 跟踪式报道的稳定

除了1981年的黄河洪水之外,1988年《人民日报》还对黄河洪水进行了相对集中的一轮报道(见表3-3)。

[①] 王天铎、周德广、邓国添:《抢在洪峰前面的人——记军民奋战加高加固刘家峡水坝》,《人民日报》1981年9月17日,第4版。

表 3-3 1988 年 8 月黄河灾害报道统计

时间	文章	版面	字数
8月7日	《黄河中游出现两次洪峰 山西汾阳遭特大暴风雨袭击》	第1版	360
8月8日	《黄河中游洪峰安全过潼关 汾阳受洪水围困3万群众全部脱险》	第1版	386
8月10日	《大部江河汛情平稳 局部地区暴雨成灾》	第1版	362
8月15日	《黄河已发生四次洪峰 防汛仍处在关键时期》	第1版	444
8月22日	《齐齐哈尔抗洪告捷 黄河下游险情增多》	第1版	284
8月29日	《黄河两岸建成万里绿色长城 在抗洪等方面发挥巨大作用》	第1版	394

由于1988年夏季连续降雨，北方部分河流出现不同程度的汛情，本轮跟踪式报道是基于暴雨以及黄河洪水造成的灾害进行的。8月7日、8日、15日三次报道均围绕黄河中游的洪峰以及流量、群众生命财产安全进行。由于洪峰数量多，流量大，因此22日的报道中点明本次洪灾的伤害，并说明6次洪峰均已入海。29日报道则与前几次报道相呼应，说明长时间来的绿化造林以及其他水土保持工作在抗洪过程中起到重要作用。本轮报道相对较为完整，从洪峰开始到洪峰结束，从受众关心的生命财产安全到与之前一贯的水土保持报道相呼应，内容相对丰富，符合受众关心的重点。本轮报道均采用消息的方式进行，篇幅短小但内容充实。从版面上看，6篇报道均位于第1版要闻版，虽然没有处于头条或者报眼位置，但也足以证明《人民日报》对本次黄河灾害高度关注。

1977年到1999年间，《人民日报》每年都会有防洪救灾的新闻，从领导人指导、视察防汛工作到军民整修堤坝，从洪峰水量到洪峰入海均有所涉及，报道的位置也以第1版要闻版

第三章 作为资源开发的黄河：21世纪之前的报道（1977—1999）

居多，足以证明《人民日报》对黄河流域防洪救灾问题的重视程度。

第三节 保护好黄河生态环境

一 监督性报道出现

从1982年开始，《人民日报》出现了新的一种报道形式，即负面新闻报道。1982年8月28日，李仲祥在《人民日报》上发表文章《快救救这块"黄河绿洲"》，文章位于第5版中间偏上，并配有"紧急呼吁"的栏目名称。文章明确指出陕西省东部林区乱砍滥伐的问题，同时说明无人监管的原因在于"黄龙山林区属延安地区管辖，这些邻县则大部属渭南地区，人们只要把木料拉出山，就可以到市场上高价出售。这些县的各级组织无人过问这种事"①。该文章虽然不是《人民日报》报社人员所写，但《人民日报》予以刊登表明《人民日报》同意文章的立场，虽然语言较为委婉，并未点名批评，但监督性负面新闻的出现表明黄河报道出现了新的报道形式。针对这一负面报道，《人民日报》也进行了及时反馈，同年12月11日，同样在第5版，《人民日报》刊发了《这块"黄河绿洲"有希望常在常青》，并就前述问题给出了回应，"这个山系的黄龙县和黄龙山林业局过去护林主要靠宣传教育，现在开始以法治林，严厉打击乱砍滥伐者和倒卖者"②。这种有所反馈

---

① 李仲祥：《快救救这块"黄河绿洲"》，《人民日报》1982年8月28日，第5版。
② 李仲祥：《这块"黄河绿洲"有希望常在常青》，《人民日报》1982年12月11日，第5版。

的报道方式，既能发挥《人民日报》作为党的喉舌的监督作用，弥补基层工作的不足，还能维护政府的威信，保障其权威性。

二 监督性报道的发展

批评类报道的数量随着时间推移逐渐增加。1985年3月28日《黄河水质受污染日趋严重》发表于第7版，同年9月20日"今日首都和各省市区报纸要目"栏目将"黄河源枪打珍稀动物 文明单位不文明 对肇事者该怎样处理"作为主标题；1986年2月13日第5版《为什么黄河泥沙不见减少》指出了"一边建设，一边破坏"的问题；1987年6月10日第2版经济版发表《黄河防洪设施屡遭破坏 有关部门应当严肃查处》，6月22日头版要闻版发表《黄河长江防汛存在隐患 水文测报和防汛通讯设施屡遭破坏 中央防汛总指挥部要求严惩不法分子》回应10日的问题；1988年的问题监督性报道数量为5篇，较之前明显增加。《人民日报》选择报道的问题包括破坏水源净化站工程、乱砍滥伐以及开发煤海随意倾倒废渣乱石、下游河床增高水土流失加剧等，刊登版面也多为第5版读者来信版。1993年的监督报道则改变了写作方式。1993年《人民日报》一共发表了3篇与黄河相关的监督性文章，均围绕黄河防汛设施破坏展开，但这3篇文章均写在问题解决之后，即文章中既指明了问题也有问题治理的结果。之后的监督性报道则以黄河水质污染、生态破坏以及黄河断流问题为主，穿插着点出游览区治理及出租黄河滩地等相关问题。在数量上，1998年和1999年监督性报道数量明显上升，如1998年为7篇，1999年为8篇，特别是黄河断流问题得到了《人民日报》的高度关注。但由于批评监督性报道无法体现社会发展，也不是《人民日报》的报道重点，因此其版面分布一般为读者来信版，相对重要的问题则会出现在第2版要闻版，出现在头版的次数较少。

《人民日报》黄河监督性报道的主题一般是随着社会需求以及经济发展情况变化而变化。随着改革开放的开启，黄河开发工作有条不紊地进行，因此监督性报道的主题也围绕着大量工程建设进行，并且由于水土保持工作是开发利用黄河水的前提，因此乱砍滥伐也成为《人民日报》的关注点。到1999年黄河资源开发已经进行了较长时间，黄河上游生态恶化、下游断流的问题逐渐严重，同时由于经济发展，人民生活水平的提升，旅游业也成为黄河开发的重要部分。因此《人民日报》的报道重点从水土保持逐渐转向揭示污染及商业管理不力等问题。

第四节　建构好黄河精神

从1977年开始，《人民日报》刊登了大量关于黄河文艺作品的文章，这些文章均以黄河为背景，阐述民族精神和历史发展。1977年《人民日报》通过文章《黄河怒涛连天涌——揭穿〈反击〉篡改三门峡工程改建历史的阴谋》，说明以黄河三门峡水利枢纽的改建工程为背景的影片《反击》是如何篡改历史的。1978年通过文章《滚滚黄河掀怒涛——喜读〈黄河大合唱〉新版本》推翻前期错误的艺术路线。1980年刊登《与人民同甘苦心连心——谈话剧〈滚滚的黄河〉对周总理形象的塑造》。1997年的《大型舞蹈诗剧〈黄河水长流〉在港演出》为香港回归营造舆论氛围。1999年的《引人入胜的〈黄河绝恋〉》以滔滔黄河为场景，讲述我八路军战士救助美国飞行员的事件。这些文章中黄河均为文艺作品创作的背景，通过黄河故事暗示历史的转折点，从侧面反映出黄河本身的历史连贯性。作为一条河流，黄河上的工程、黄河上发生的事件都给黄河带来了厚重的历史，所有重要的时间、历史节点都能在黄河上找到相对应的事件，因此将文艺作品创作的背景放在黄河上，不仅可以使作品具有深厚的文化底蕴，而且能增加黄河本身的历史厚重感。

除此之外，《人民日报》刊登的部分关于文艺作品的评论，不仅看重黄河的历史连贯性，还重视黄河所代表的民族精神。1980年的《简谈〈黄河东流去〉的思想和艺术特色》认为，《黄河东流去》"通过黄河岸边几户农民家庭的坎坷遭遇，……颂扬了我们民族崇高的道德风尚"[①]；1986年的文章《重读〈黄河东流去〉》认为，《黄河东流去》写出了我国农民拥有像黄河那样奔腾不息的生命力，也写出了我国农民身上像黄河泥沙那样来源悠久的、沉重的精神负担，"那些落后和愚昧的封建意识"[②]；1995年《自强不息的黄河文化》认为，黄河"缔造了中华民族坚韧不拔、百折不回、自强不息、厚德载物的民族秉性与民族精神"[③]；1997年《千古苍烟黄河水》认为，舞剧《黄河儿女情》展现了"华夏文明的缘起与发展，

[①] 吴光华：《简谈〈黄河东流去〉的思想和艺术特色》，《人民日报》1980年4月9日，第5版。

[②] 张光年：《重读〈黄河东流去〉》，《人民日报》1986年2月24日，第7版。

[③] 李淑芹：《自强不息的黄河文化》，《人民日报》1995年6月29日，第10版。

第三章　作为资源开发的黄河：21世纪之前的报道（1977—1999）

农业文化的萌生与成熟，炎黄子孙的繁衍与健旺，国民性格的形成与完美"，而这"无不出自黄河的惠赐与哺育"。① 20多年来《人民日报》刊登的大量书评、影评类文章，认为黄河本身与中华民族拥有同样的精神特质。从农村到城市，从历史到现实，《人民日报》中的黄河能够从各个方面反映民族的过去与未来，彰显百折不回的民族抗争精神，黄河本身也逐渐成为中华民族的象征。

另外，还有一部分文艺作品，直接将黄河作为对象，描述黄河，塑造母亲河的形象，"这是黄河的黄金河段，所谓'黄河百害'，从来与这一段无关，在铁路未通之前，她曾是交通的血脉，如今，她的众多的长峡短谷又将提供上千亿度电力。她是能源之河，也是开发西北的活力所在"②。"黄河具有我们民族母亲般的骄傲与宽容。它冲荡高原，挟裹泥沙，繁衍着黄帝的子孙。"③ "黄河，就是黄河！五千年来，它孕育了一个伟大的民族。五千年来，它铸造了民族的精神和灵魂。它是民族的象征，它是民族的脊梁！"④ 从这些文章中，我们能够较为清楚地看到，黄河从"灾河"向"利河"转变，《人民日报》着力塑造其母亲河与中华民族象征的形象。从一些讲述外交活动的文章中，我们能够更明确地看到《人民日报》建构的黄河形象与中华民族之间的关系。1978年的《黄河多瑙共奔腾——罗马尼亚访问记之一》和1988年的《从黄河、长江划到莱茵河——关于联邦德国的〈龙舟〉》，文章本身与黄河并

---

① 赵国政：《千古苍烟黄河水》，《人民日报》1997年3月22日，第7版。
② 冯并：《黄河、长城与"根"——西行随笔》，《人民日报》1983年10月11日，第8版。
③ 李佩芝：《黄河，你在说什么》，《人民日报》1989年7月9日，第6版。
④ 邓星雨：《黄河，您像什么》，《人民日报》1991年9月9日，第8版。

没有太大的关系，但《人民日报》在标题上采用了象征的手法，将黄河作为中华民族的象征，突出了标题的文学色彩，也增强了黄河本身的象征性。黄河本身也成为中华民族的代表性符号。1981年的《黄河旅行摄影展览在东京开幕》、1992年的《日本千叶县芭蕾舞团在京首演〈黄河组曲〉》，《人民日报》通过报道黄河相关文艺作品的展览或演出，在拉近两国之间的关系的同时，使外国人通过黄河在一定程度上了解中华民族。这说明《人民日报》认为黄河带有彰显中华民族精神的特质。

一 体现黄河历史的厚重

黄河作为母亲河，作为中华民族的象征，具有悠久的历史，《人民日报》也通过各种报道着力彰显黄河的历史厚重感。1987年8月18日第3版科教·文化·体育版刊登文章《显示黄河中上游灿烂古代文化 宁夏文物展览在京举办》，"600多件文物显示了中华民族发源地之一的黄河中上游灿烂的古代文化"①；1990年《人民日报》同样在第3版发表文章《枣阳发现远古氏族部落遗址 展示出黄河长江两流域文化交融》，不断增强黄河文化的丰富性；1994年《元谋人是中国境内最早的人类吗？中国猿人是从非洲过来的吗？中华民族的摇篮仅仅是黄河吗？蔡伦是最早造纸的中国人吗？又闻绝响：改写历史的考古新发现——近10多年来重要出土文物解答历史之谜》一文，将黄河历史与元谋人等重要历史话题放在一起作为标题，"一些研究者曾说：中国最早的龙的形象出现在黄

---

① 毕全忠：《显示黄河中上游灿烂古代文化 宁夏文物展览在京举办》，《人民日报》1987年8月18日，第3版。

第三章 作为资源开发的黄河：21 世纪之前的报道（1977—1999）

河流域，中国最早的文字殷墟甲骨文也出现在黄河流域"①，文章中这些表述与标题一起增强了黄河本身的历史厚重感。除了黄河文化之外，黄河形成的时间，也是它能代表中华民族的重要依据，因此《人民日报》跟随最新的历史研究不断报道黄河形成时间，如刊登报道《历经沧桑巨变大河东流入海 黄河：形成于 130 万至 110 万年前》《科学家首次发现黄河最高阶地 证实黄河已生成 160 万年》，为黄河能够成为中华民族的代表奠定事实基础。

除了报道黄河的远古历史之外，《人民日报》也没有忽视黄河在近现代史中的地位，1988 年第 5 版革命回忆录《战斗在黄河之滨的一支蒙古族抗日军队——忆我党在新三师的活动》，1995 年 9 月 7 日第 4 版要闻版的《八路军东渡黄河抗日纪念碑落成》，同年 10 月第 4 版要闻版的《刘邓大军强渡黄河纪念馆落成》，1996 年的《八路军东渡黄河抗日纪念馆将建立》，等等，《人民日报》用这些文章反映黄河在近现代历史中的重要性。《人民日报》的报道将黄河作为参照物证明中华民族历史、文化悠久的同时，又将其视为中华民族悠久历史与不屈精神的见证者，因此《人民日报》报道中的黄河既是历史中的一环，又是历史的旁观者。

《人民日报》通过大量的报道，增加了黄河的曝光度，并巩固了黄河本身丰富的内涵。由于改革开放带来了经济的飞速发展，在《人民日报》20 多年间的报道中，冠以"黄河"之

---

① 周庆：《元谋人是中国境内最早的人类吗？中国猿人是从非洲过来的吗？中华民族的摇篮仅仅是黄河吗？蔡伦是最早造纸的中国人吗？又闻绝响：改写历史的考古新发现——近 10 多年来重要出土文物解答历史之谜》，《人民日报》1994 年 1 月 25 日，第 11 版。

名的企业与产品也在逐渐增加，黄河牌汽车、黄河牌电视机、黄河无线电厂、黄河机器制造厂、黄河玻璃钢集团、黄河电子企业集团、黄河铝业公司等的出现就是例证。大量文艺活动也冠以"黄河"之名。相关报道的数量不断增加，使黄河本身得到了极高的曝光度，也从侧面印证了黄河的象征性是积极向上的，黄河特殊的代表性开始为全国人民所接受。

由于黄河本身的特殊内涵，与黄河地理位置有关系的人或事，《人民日报》都会以黄河来进行标题的修饰，以凸显报道对象所带有的民族精神。这突出体现在对黄河沿岸人物的特写上，例如《黄河风涛——记黄河渡口老支书李明清》《献身教育"黄河女"——记郑州黄河科技大学校长胡大白》《黄河赤子心——记人民满意的公务员丁雪峰》《生在大西北，长在黄河边。他创办的企业安置了近一千五百名职工。这位年轻人编织了一个实实在在的故事——牛伟和他的"鹏达"公司》，文章均反映了相关人物对社会的贡献，虽然具体报道内容与黄河并没有太多联系，仅仅是事发地在黄河边，但从标题中似乎可以感受到，黄河赋予了他们吃苦耐劳、甘于奉献的民族精神。除此之外，《黄河岸边的彩霞——介绍山东鲁西南民间织锦》《黄河之滨"文化村"——河南陕县大营村群众文化建设侧记》等文化建设类文章也以黄河为标题的一部分，凸显报道对象的发展。以上这些均说明黄河逐渐成为中华民族精神的代表。

虽然黄河在《人民日报》的报道中逐渐具备了中华民族的传统美德，但挑战黄河、征服黄河似乎成了中华民族绕不开的话题，黄河很多时候作为一种新的"挑战"呈现在世人眼前。1995年我国摩托车运动员首次飞越黄河；1997年3月30

第三章　作为资源开发的黄河：21世纪之前的报道（1977—1999）

日《人民日报》发表文章《飞车越黄河》，报道柯受良驾驶汽车飞越黄河；1999年6月21日《人民日报》发表图文报道，报道黄河娃朱朝辉驾驶摩托车飞越壶口瀑布，同年11月1日《人民日报》发表文章《山东青年单车飞黄河》，报道山东工人燕庆伟首次骑普通自行车在济南吴家堡黄河险工段成功飞越黄河。黄河在这里显现出了自然与人性的融合。几千年来黄河沿岸的人们在与黄河的抗争和融合发展中，形成了自强不息、开拓进取的精神。当前，人们用另一种方式挑战黄河，依旧能够展现中华民族坚强不屈、勇于胜利的精神。九曲黄河，奔腾向前，以百折不挠的磅礴气势塑造了中华民族的品格，这是中华民族勇毅向前的重要根基。数千年来，黄河早已同中华民族的苦难辉煌扭结在一起，锤炼出炎黄子孙的力量和精神，也为中华民族赓续发展注入不竭动力。深入挖掘黄河文化的时代价值，充分展示中华民族自强不息、坚韧不拔的民族品格和奋斗精神，才能凝聚起强国建设、民族复兴的精神力量，才能让攻坚克难的信念与信心牢不可破，促使全体中华儿女手足相亲、人心相聚，让中华民族在复兴路上走得更坚定、更自信。

二　凸显黄河的民族性

《人民日报》的报道能够使黄河作为一种意象加强我国多民族的团结，并一定程度上联结不同地域，使受众能够突破地域隔阂，形成全局性、系统性的国家观念。

1982年5月31日《人民日报》第3版发表文章《古老黄河的新子孙——撒拉族》，"一个外来的民族，要在一个完全陌生的异乡定居下来，是一件不容易的事情。然而，长期居住在黄河两岸的蒙、藏、汉、回等民族，对这些远道而来的兄弟给予了热情的欢迎和帮助。勤劳、勇敢、强悍、智慧的撒拉人，虚心学习当地蒙、藏、汉、回等民族的生产技术、科学文化知识，推动本民族政治、经济的发展，并且创造了本民族的文化艺术"①。1984年9月25日第8版发表了《黄河岸边的乐土——撒拉族之乡散记》，"撒拉族人民为了把黄河岸边这块土地建设成自由幸福的'乐土'，曾经走过多么坎坷的道路，曾经付出了多么沉重的代价！"② 关于撒拉族的报道，数量虽少，但《人民日报》以黄河以及黄河带来的利好为纽带，对多民族人民进行了联结，从而增强受众的多民族共同体观念。

1988年，民盟中央支持建立多民族经济开发区，《人民日报》就该问题进行追踪式报道。1988年7月14日第1版要闻版报道了《民盟中央支持甘宁青三省区治穷 黄河上游建立多民族经济开发区 基本方案已经形成 力争短期改变面貌》；同年，8月8日第1版要闻版刊登《黄河上游多民族经济开发区进入实施阶段 甘肃建立五个经济开发试验小区》；9月21日第1版要闻版刊登《黄河上游应建立多民族经济开发区 民盟中央就开发大西北提出重要建议 中共中央国务院予以肯定将研究实施》。1989年10月7日刊登《费孝通考察黄河上游地区时提出 加快多民族经济开发区建设》。1990年5月13日第1版要闻版刊登《发挥黄河上游资源整体优势 四省区共建民族经济开发区》。1992年11月15日第1版要闻版刊登《推动多民族经济开发区建设 黄河上游三省区成立协调小组》。黄河上游多民族经济开发区建立的首要目的在于"力争在短期内改

---

① 祝咸录：《古老黄河的新子孙——撒拉族》，《人民日报》1982年5月31日，第3版。
② 袁茂余：《黄河岸边的乐土——撒拉族之乡散记》，《人民日报》1984年9月25日，第8版。

第三章 作为资源开发的黄河：21世纪之前的报道（1977—1999）

变这个多民族地区贫穷落后的面貌"，"有效地缓解国内原材料总供给和总需求的尖锐矛盾，推动国营大企业深化改革"，但其要想建成，"必须依靠各族干部群众，全面发展民族经济，认真贯彻各民族共同繁荣的原则"。因此，在《人民日报》的报道中，以黄河以及黄河资源为纽带建立的多民族相互融合的经济开发区，是改变民族地区经济落后的面貌、巩固民族团结的重要途径。

黄河的治理需要黄河流域各地共同进行，因此在报道不同地域治理过程中，特别是在报道黄河洪水治理的过程中，《人民日报》巧妙地用黄河打破地域隔阂，将黄河沿岸各地连接起来。如黄河上的凌汛灾害。凌汛问题的源头一般是在内蒙古河段。1990年1月9日《人民日报》报道了《黄河上游河段封冻》，"由于上游来水比常年偏大，加之天桥水电站高水位运用影响，造成河曲段进入12月下旬后冰位急骤升高"；2月3日，《人民日报》发布文章《山东部署黄河防凌工作》；2月12日又发布了《黄河下游凌情仍较严重 沿岸驻军做好抢险准备》，"据有关部门介绍，时至今日，黄河下游的严重凌情仍无明显缓解"，说明凌汛问题最终会影响到黄河下游的山东河段。同样，在治理方面，上游的黄河建设也能够解决下游的一些问题，"改建后的三门峡工程，使大量的黄河之水能关能进，缓解了多次汛险；使河南、山东黄河两岸的两千多万亩土地，及时得到浇灌；一千多万亩盐碱化的土地变成良田；使花园口以下的河道的恶性凌汛，得到了控制"[1]。从《人民日报》有关黄河灾害预防和治理的报道中可以看到，黄河本身是一个

---

[1] 陈勇进：《黄河之水（四）三门峡，激动人心的地方》，《人民日报》1986年11月11日，第2版。

无法区分的整体，无论是防灾还是治理，都需要全面整体地去规划和思考，这也从侧面体现出黄河的存在打破了多个省份抑或上下游的地域隔阂。同样，针对黄河水资源开发以及用水过度的问题，《人民日报》的报道点明由于上游不治理，下游出问题，再次将黄河的上下游关联起来。在《人民日报》的报道中，开发利用黄河水资源能够连接黄河沿岸各地，加强黄河流域各地域间的联系，同时引黄济津、引黄济青等有助于打破更广泛区域内受众的地域隔阂，强化人们的中华民族共同体意识。

1981年10月29日第1版要闻版刊登了《豫鲁冀三省顾大局水过家门不截引 黄河水奔流千里到达天津 此次输水三亿多立米，对天津的生产和人民生活将起重大作用》一文，作为当天头版双头条的其中一条，文章指出，"黄河水流经的豫、鲁、冀三省的党政军民，充分理解引黄济津的重大政治经济意义，他们把保住我国重要工业基地天津，看作义不容辞的责任"[1]，在字里行间把黄河流经的省份与天津连接在一起，并将开发利用黄河水资源提升到对国家政治经济发展有重要意义的高度。11月28日第1版再次报道了引黄济津的问题，《40万民工顽强奋战 提前完成挖河工程 山东启闸放黄河水济天津》；12月13日第1版又一次报道《黄河之水从千里外源源流往天津 国务院表扬四省市团结协作引黄济津》。虽然整轮报道持续时间不长，但文章以黄河为契机处处涉及其他省份，将黄河沿岸与非沿岸的省份相连接，在一定程度上打破了地域

---

[1] 《豫鲁冀三省顾大局水过家门不截引 黄河水奔流千里到达天津 此次输水三亿多立米，对天津的生产和人民生活将起重大作用》，《人民日报》1981年10月29日，第1版。

第三章 作为资源开发的黄河：21世纪之前的报道（1977—1999）

隔阂。除此之外，对1989年下半年开始的引黄济青工程，《人民日报》也进行了跟踪报道。1989年11月18日第1版要闻版发表《全长252.5公里流经10县市引黄济青大功告成 滚滚黄河水开始源源入青岛》；同年11月21日第1版要闻版发表图片新闻《青岛引来黄河水》，进一步将青岛与黄河沿岸其他地域相连接。1990年6月17日，《人民日报》报道时任总理李鹏在河南视察，视察过程中李鹏提出"已建的引黄济青，即将兴建的引黄入淀济京工程等，都将使黄河进一步为民造福。总之，治理黄河是个系统工程，黄河的治理和综合开发利用具有广阔的前景"①。李鹏以简明的语言概括了黄河工程中的关联性，在系统治理黄河的基础上，黄河能够为民造福，从而切实加强全国各地、各民族之间的联系。

---

① 黄根正、解国记：《李鹏在河南城乡视察走村串户问寒问暖强调 搞好夏粮收购保护农民积极性 立足防大汛确保黄河两岸安全》，《人民日报》1990年6月17日，第1版。

第四章

作为生存基础的黄河：进入21世纪后的报道（2000—2012）

进入21世纪后，《人民日报》中黄河相关报道数量趋于稳定，文章主题结构明显改变，同时文章字数明显增加（见表4-1、图4-1）。

表4-1 2000—2012年报道主题数量统计

单位：篇

主题 年份	地理位置	灾害	开发与发展	黄河工程	问题	文化	政策	总数
2000	5	4	13	5	3	15	1	46
2001	4	2	10	4	3	5	2	30
2002	3	0	7	14	4	9	4	41
2003	9	20	8	15	7	8	3	70
2004	6	7	8	12	5	9	0	47
2005	6	7	14	2	10	7	1	47
2006	7	7	26	3	14	4	6	67
2007	5	5	16	2	9	9	6	52
2008	6	10	2	1	0	5	0	24
2009	4	7	14	2	1	6	5	39

续表

主题 年份	地理位置	灾害	开发与发展	黄河工程	问题	文化	政策	总数
2010	3	8	10	1	3	9	3	37
2011	3	3	10	0	1	10	0	27
2012	4	10	5	4	2	9	1	35
总数	65	90	143	65	62	105	32	562

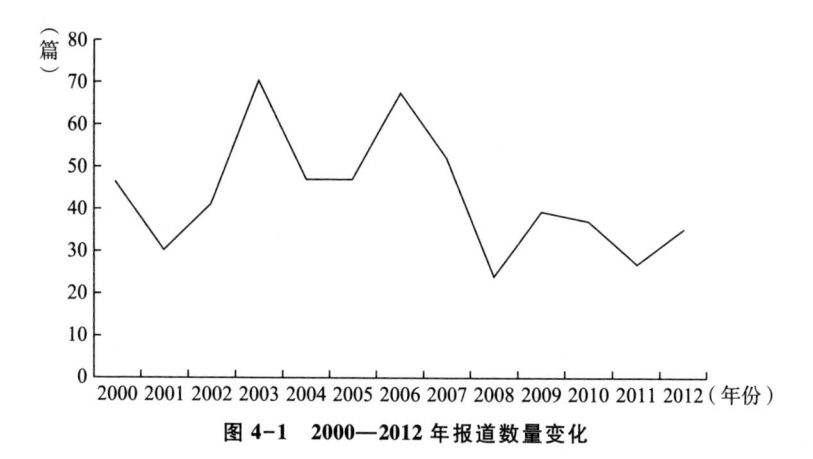

图 4-1 2000—2012 年报道数量变化

从 2000 年到 2012 年，《人民日报》关于黄河的报道数量相对稳定。因 2003 年有较大自然灾害以及 2008 年北京奥运会，这两个年份报道数量变化较大。

相较于前一阶段，《人民日报》在文章主题结构方面有了较大的变化。这一时期，《人民日报》加大了对黄河开发与发展以及黄河文化的内容建构力度，使黄河摆脱过去的"灾河"形象，成为具有历史厚重感并造福群众的幸福河。同时，问题类报道的数量与黄河工程报道以及黄河地理位置报道相对平衡，说明黄河问题类报道已经逐渐成为一种常态化报道。

除此之外，在黄河地理位置的报道中，关于黄河大桥的报道数量逐渐减少，《人民日报》更多的是将黄河作为国家建设中的一个重要地理位置来报道，例如在报道西气东输的过程中，越过黄河成为一个重要节点和现实成就。同时，在媒体的宣传以及教育普及的过程中，黄河成为大部分人划分南北方的重要地标，因此大量文章为了能够使受众快速明确事件发生位置，多将黄河所在区位作为参照物进行报道。这种报道方式，不仅加快了受众的理解速度，也使黄河不断出现在受众视野中，提升了黄河本身的重要性，这是《人民日报》建构黄河形象的重要一步。

与此同时，黄河工程的相关报道数量下降。新中国成立后，在社会主义制度下，党领导人民开展了规模空前的水利基础设施建设，人民胜利渠在下游首次开闸取水，一大批引黄涵闸陆续建成投入使用。盐环定、景泰川等引黄灌溉工程建成通水，极大缓解了沿河干旱地区缺水问题。黄河流域及下游引黄灌溉面积增长到新中国成立初期的10倍。新中国成立前，干流上没有一座水库；新中国成立后，黄河结束了无坝引水的历史，建成龙羊峡、刘家峡、小浪底等干流水利枢纽工程，总库有效调节了水资源时空分布。因此在一段时间内，特别是改革开放之前，黄河工程成为《人民日报》关于黄河报道的重要组成部分。2000年后，由于黄河工程开发程度提高，黄河水资源的利用出现问题，因此《人民日报》工程开发报道逐渐聚焦工程维护和水资源合理利用。在文章主题结构上，黄河工程报道数量减少，更多文章开始报道黄河其他方面的发展，所以出现了更多的黄河开发与发展类文章。

第四章 作为生存基础的黄河：进入 21 世纪后的报道（2000—2012）

第一节 报道主题：从黄河三角洲的开发到可持续发展的转向

进入 21 世纪后，《人民日报》中的黄河发展相关文章不仅包括与前期相似的资源开发文章，还有大量解决各种问题、保护生态环境、资源的文章。但与 2000 年之前的资源开发不同，由于污染、资源枯竭等问题在全国各地出现，《人民日报》作为全国宣传工作的重要阵地，报道主题也从单纯的资源开发转向可持续发展。2000 年后，作为黄河入海口的黄河三角洲的受关注度逐渐提升，其资源开发成为重要议题。《人民日报》报道中黄河三角洲的开发成为可持续发展的典型。

一 黄河三角洲开发的提出

与长江、珠江不同，黄河由于本身特殊的复杂地势以及自然灾害较多，其入海口形成的三角洲在早年间经常被忽略。1980 年《人民日报》才开始出现关于黄河三角洲的报道。1980 年 11 月 27 日《人民日报》第 1 版使用了一张题为《富饶的黄河三角洲》的图片，打开了《人民日报》报道黄河三角洲的局面。在此之前，关于黄河三角洲甚至黄河口的报道几乎没有，类似的只有《人民日报》1965 年 8 月 4 日第 2 版的《黄河农场积极繁殖鲁西大黄牛》一文。但在 1980 年之后，《人民日报》中的黄河三角洲也一直被视为以农业和石油资源为主的后备型产业基地，与具有明确规划和发展方向的长江、珠江三角洲截然不同。1984 年 3 月 1 日《人民日报》在第 3 版"今日首都和各省市区报纸要目"中转载《大众日报》关于黄河入海口北岸探区打出胜利油田产量最高的一口油气井的报道；1987年7月14日在第1版要闻版发表了《近代黄河三角洲农业资源丰富 山东完成综合考察及开发利用研究》，7月17日在头版左下角位置发表了长篇通讯《黄河三角洲上的新星——胜利油田巡礼》，并配有文压图。一直到1992年南方谈话前，关于黄河三角洲的报道主题始终围绕着"重要石油基地""农业开发进展快"，报道数量少且主题单一，虽然文章会位于头版，但位置相对较偏。

1992年是《人民日报》对黄河三角洲报道的转折之年，黄河三角洲开发进入新阶段。《人民日报》报道主题在"后备资源多开发潜力大"的基础上，向"深化改革""招商引资"发展。1992年12月29日《人民日报》发表了《全国人大常委会举行大会讨论 13位委员就加快开发黄河三角洲等提出建议》。1993年3月30日《人民日报》在全国"两会"专页上，又发表了《黄河三角洲——深化改革求发展》一文，黄河三角洲已经成为国家关注的重要话题。此时《人民日报》的报道中也开始涉及黄河三角洲的招商工作。4月18日《人民日报》发表文章《软硬环境变化大招商引资势头好 黄河三角洲开发进入新阶段 山东东营市列入沿海经济开放区 黄河入海流路治理纳入治黄总体规划》，这表明黄河三角洲跳出了过去的后备资源型发展路径，有了转型趋势。虽然《人民日报》报道主题有所转向，但基于黄河三角洲"丰富的自然资源、良好的投资环境"，因此报道内核依旧是石油产业与农业开发。1997年6月6日《人民日报》在第2版发表文章《资源开发与环境保护并重 黄河三角洲走可持续发展之路》，"坚持经济、生态和社会效益相统一，坚持资源、人口、环境相协调,走可持续发展之路"①,逐渐成为之后黄河三角洲的报道重点。

二 实现可持续发展的转向

1999年6月24日,江泽民来到位于黄河三角洲的东营市,分别考察了黄河入海口、胜利油田、孤东油田和东营的市政建设,指出"要把经济建设、生态建设和社会发展结合起来,实现可持续发展"②。因此,从2000年开始,黄河三角洲的开发报道又有了新的走向。"探索一条可持续发展的路子"成为21世纪黄河三角洲的开发建设思路。"要求提早发展替代产业,避免走因油而兴、因油而衰的路子"③,"把招商引资作为加快黄河三角洲发展的突破口,提出'大开放、大招商、大发展'的口号,全方位扩大开放"④。同时,报道走向与20世纪有了鲜明的对比,从2001年至2005年报道各类动植物保护情况,到2006年至2010年报道高效生态经济区建设,《人民日报》的报道主题紧贴国家发展脉络,反映黄河三角洲整体发展路径。人民群众也从中获得了大量的利好,"位于黄河三角洲中心地带的东营人,用自己勤劳的汗水,在这片昔日贫瘠的盐碱滩上,建起了一座绿树成荫、街道宽广、高楼矗立的现代化城市。……过去寸草不生的盐碱地变成了亩收入2000

---

① 郑福华、崔相国:《资源开发与环境保护并重黄河三角洲走可持续发展之路》,《人民日报》1997年6月6日,第2版。
② 王雷鸣:《风起潮涌黄河口——山东省东营市加快黄河三角洲建设和发展纪实》,《人民日报》2000年7月3日,第2版。
③ 宋光茂:《年轻的土地新的希望——黄河三角洲开发建设纪实》,《人民日报》2001年2月4日,第1版。
④ 王雷鸣:《风起潮涌黄河口——山东省东营市加快黄河三角洲建设和发展纪实》,《人民日报》2000年7月3日,第2版。

多元的'聚宝盆'……沉重的包袱变成了巨大的财富,尝到了甜头的东营人探索在荒碱地上进行枣粮间作、草场封育以及农田林网建设。仅从1988年以来,东营市累计开发荒碱地142.7万亩,改造中低产田102.6万亩,年均增产粮食5000万公斤,人均粮食占有量居山东省首位"①。在黄河三角洲实行可持续发展的路径上,群众也在不断将生态利好转化为经济利好,进一步夯实铸牢中华民族共同体意识的社会根基。

2000年至2001年,《人民日报》以黄河三角洲发展脉络为报道侧重点,点明可持续发展路径,在如何反映可持续发展方面,《人民日报》开创了新的表现手法。从2003年到2005年,《人民日报》针对黄河三角洲的报道以涉及大量动植物保护的短消息为主,例如,关注丹顶鹤的栖息、苜蓿的生长以及自然保护区、湿地生态系统的保护。报道充分关注可持续发展中的生态环境保护,但对黄河三角洲的经济问题关注较少。2006年9月2日《人民日报》在第2版国内要闻版发表文章《山东确定黄河三角洲开发战略 以东营为主战场建设高效生态经济区》,提出"发展黄河三角洲高效生态经济在连续列入国家'十五'计划和'十一五'规划的基础上,山东省委、省政府近期确定实施黄河三角洲开发战略,以东营为主战场建设黄河三角洲高效生态经济区",为黄河三角洲整体规划的进行打造宣传前阵。

2009年12月1日,国务院正式批复《黄河三角洲高效生态经济区发展规划》,标志着黄河三角洲地区的开发上升为国家发展战略。《人民日报》抓紧时机,对该规划进行深入解

---

① 王雷鸣:《风起潮涌黄河口——山东省东营市加快黄河三角洲建设和发展纪实》,《人民日报》2000年7月3日,第2版。

第四章 作为生存基础的黄河：进入 21 世纪后的报道（2000—2012）

读。2011年5月16日《人民日报》第13版"国家重大区域规划系列　特刊——山东省东营篇"以专版的形式报道东营黄河三角洲的发展，版面刊登两篇占据整版的长篇通讯《描绘黄河三角洲如画美景——山东省东营市实施两大国家战略纪实》《黄蓝融合海陆统筹一体发展》，并配发两幅图片，体现《人民日报》对黄河三角洲高效生态经济区的重视程度。此时，《人民日报》报道主题更加丰富多元，黄河三角洲"充分发挥区位和资源优势，推动产业结构优化升级，形成以高效生态农业为基础、环境友好型工业为重点、现代服务业为支撑的高效生态产业体系"①，报道文体从消息变为消息与长篇通讯并存，报道内容也从生态建设变为环境与经济共进、政策指引与保护工作并存。

第二节　报道内容：黄河的可持续发展

改革开放后随着经济的迅猛发展，黄河水利工程全面落地，黄河周边的生态破坏等问题有所增加，因此问题报道也成为《人民日报》的报道重点之一。与2000年之前着重报道黄河生态问题不同的是，21世纪的《人民日报》关于黄河问题的报道范围更广，报道内容更深刻。

一　问题报道的广泛性

经济发展的同时，污染问题和生态破坏问题日益突出。

---

① 徐锦庚、马跃峰：《多业并举，打造新的经济增长极——黄河三角洲高效生态经济区重点建设项目综述》，《人民日报》2009年12月15日，第19版。

《人民日报》报道中的黄河问题呈现出一种交织感。黄河岸边经济发展，这是正向报道；但经济发展往往带来大量的污染问题与水资源的浪费，以及上游草场退化、下游湿地减退，还有沿岸群众对植被大量破坏、不注重水土保持等问题，《人民日报》以负面报道的方式呈现这些问题，而负面报道中依旧有经济发展的痕迹。同时，黄河污染相关报道一般有配图，由于视觉冲击力较大，因此这类新闻报道能有效吸引受众视线，同时图文之间能够产生良好的互补作用，使受众在感官和心理上同时受到冲击。

2003年7月14日《人民日报》发布报道《水色发黑藻类蔓延水体在黄河干流首次呈富营养趋势 小浪底水库污染严重亟待治理》，文章指出，"近年来，黄河上游地区降水严重不足，导致黄河干流来水持续偏少。同期，黄河污染物接纳量却没有减少。……小浪底库区目前污染严重，呈富营养状态。……水体呈现富营养趋势，这在黄河干流尚属首次"，"要求加强对重点排污企业的监督检查，对无法做到达标排放的企业坚决予以关停，对不能稳定达标的企业予以停产治理"。①

2005年1月27日《人民日报》在第16版科教周刊·人与自然版，发表图片新闻《三门峡：守着黄河买水吃》。

  近日，记者在河南省三门峡市采访时，了解到三门峡水库的水质污染状况十分严重，水质已恶化为五类。

---

① 李杰、戴鹏：《水色发黑藻类蔓延水体在黄河干流首次呈富营养趋势 小浪底水库污染严重亟待治理》（记者来信），《人民日报》2003年7月14日，第5版。

第四章　作为生存基础的黄河：进入 21 世纪后的报道（2000—2012）

> 三门峡市区紧邻黄河，但市民们却不得不花钱购买从附近山上运来的山泉水，守着黄河买水吃。①

与文字新闻不同的是，图片新闻能够以简洁明快的方式传递信息，同时使新闻更加具备艺术性、表现力与感染力。新闻图片的文字说明则能够起到解释作用，使新闻的主题得到突出，有效传递信息。《三门峡：守着黄河买水吃》这篇新闻，位于版面中央，以图片新闻的方式进行呈现，吸引受众视线，图片内容为三门峡大坝被污染的水流，因此本篇报道的主题是黄河三门峡水质污染问题；同时，图片说明传递的信息更多，不仅点明了水质污染程度，而且说明了水质污染的结果——"守着黄河买水吃"，图片新闻中的生态问题就成为一个经济与社会问题。

对黄河污染问题的报道也涉及生态破坏报道。2004 年 4 月 16 日《人民日报》发表《水利部年初对黄河水质检测显示——黄河河段：一半以上严重污染》一文，提到"地区性中小企业迅猛发展，大量工业污水、生活污水直接或间接排入黄河"，"黄河水资源、水环境的污染破坏，又给整个流域的生态环境带来诸多负面影响"，"河水污染破坏了整个流域生态环境"。② 这篇以黄河污染为报道主题的文章，落笔于生态环境恶化问题。从中能够看到黄河问题报道不仅涉及生态问题，也涉及经济、社会等各个方面的问题，这反映了问题报道的广泛性。

---

① 该文配图为三门峡大坝出水口处的河水。
② 王庠:《水利部年初对黄河水质检测显示——黄河河段：一半以上严重污染》（监督与思考），《人民日报》2004 年 4 月 16 日，第 5 版。

二 问题报道的复杂性

《人民日报》关于黄河开发的负面报道，特别是与黄河污染相关的报道带有强烈的复杂性与关联性，甚至具有一定的循环性。从黄河沿岸经济发展对黄河水的污染，到对黄河沿岸生态的破坏，继而对群众生活产生不良影响，黄河问题报道基本涉及两个甚至更多个话题。正如上文所述，从文章内容出发并不能对报道主题进行明确的区分。"经济发展与环境保护的不协调，水土资源的不合理利用，污染治理投入不足，治理技术落后、治理设施正常运转率低，是影响黄河水环境状况的重要原因"①。而这些原因都不是单一发挥作用的，多个原因综合作用造成了污染问题。例如，2000年8月17日，《人民日报》发表文章《内蒙古准格尔旗境内黄河段——开发旅游资源　莫忘环境保护（基层见闻）》，文章揭示了黄河资源开发政策引来众多投资商家开发旅游资源，但无论是游客还是工作人员都将垃圾倒入黄河的问题，"似乎河里是理所当然的垃圾场，环保观念的缺乏令人担忧"，这样一个污染问题暴露出群众以及工作人员环保意识不强。正如《人民日报》所述，黄河污染问题本身就是一个关系多方面的复杂话题，只就黄河污染进行单一话题报道并不能满足受众的求知欲，也违背了新闻报道以人民为中心的工作导向，因此较2000年之前，这一时期有关黄河污染的负面报道呈现出关联性较强的特点。

这种话题之间较强的复杂性与关联性，使受众逐步认清污

---

① 王庠：《水利部年初对黄河水质检测显示——黄河河段：一半以上严重污染》（监督与思考），《人民日报》2004年4月16日，第5版。

染与发展之间的关系,为后期报道可持续发展、倡导人与自然和谐相处奠定了认知基础,这也成为《人民日报》践行政治家办报原则的一大体现。

第三节 报道方式:黄河灾难报道温情化

灾害报道始终是黄河报道的重中之重,虽然由于断流、污染等问题,黄河突发灾害较之前少了很多,但《人民日报》对黄河水灾的关注是持续的。2000年后《人民日报》对于黄河灾害问题的关注呈现平稳状态,在灾害来临的第一时间进行报道,但由于灾害数量减少、灾害影响相对较小,报道频率相对降低,数量相对减少。但《人民日报》在报道的方式与报道的方向上与之前有一定的变化,同时更加突出温情报道。

一 系列报道特征突出

"按照洪涝灾害发生的范围、频率和程度,2008年属洪涝灾害较重的年份。由于各级党委、政府高度重视,各级防汛指挥部门超前部署,超常应对,加强预测预警预报,科学调度,综合防控,有效减轻了灾害损失,灾害虽重,但灾害损失较常年明显偏轻。据统计分析,2008年全国洪涝受灾面积较常年减少近4成,受灾人口减少近2成,因灾死亡人数减少近8成,直接经济损失减少1成多。"[①]

2008年《人民日报》关于黄河凌汛的系列报道,数量整体较少,但整体报道过程较为完整。由于凌汛灾害本身具

---

① 闫淑春:《2008年全国洪涝灾情》,《中国防汛抗旱》2009年第1期。

有持续时间较久的特点，本次报道从2月持续到了4月。报道方式以消息为主，辅以长篇通讯，且配图较多，图片新闻与文字新闻在时间和版面上交织出现，使受众产生紧迫感（见表4-2）。

表4-2　2008年凌汛报道统计

时间	标题	版面	字数
2月21日	《内蒙古备战黄河防凌个别段落封冻时出现历史最高水位》	第5版视点新闻	389
2月26日	《黄河累计封河985公里 宁夏段封河长度创40年之最，内蒙古河槽蓄水偏多五成国家防办黄河防总要求沿线全力做好防凌工作》 （配图）	第4版要闻	516
3月11日	《黄河内蒙古段首次分凌》（图片新闻）	第11版综合	136
3月21日	《黄河内蒙古杭锦旗段大堤溃堤》（图片新闻）	第9版综合	126
3月24日	《3月23日凌晨，内蒙古杭锦旗黄河大堤西面溃口封堵成功。东面溃口加快封堵速度。本报记者现场采访——千人夜战黄河决口》（配图）	第5版视点新闻	2334
3月25日	《黄河溃堤灾区孩子全部复课》（图片新闻）	第11版文化新闻	101
4月8日	《黄河溃堤的决口已被成功封堵，但灾区树尖上的泥痕和挂在电线上的水草仍昭示着曾惊人的水位 当洪水一步步逼近……》	第5版视点新闻	1685

2008年洪涝灾害较多，但重大政治事件与其他自然灾害也较多，因此虽然黄河由于凌汛灾害在年初被登上《人民日

第四章 作为生存基础的黄河：进入21世纪后的报道（2000—2012）

报》，但由于灾害造成损失较小，所以报道数量少，版次相对靠后。但从本轮报道中能够比较明晰地看到《人民日报》对黄河水灾的追踪报道情况。灾难发生之前的报道以消息为主，灾难发生时，由于灾难类新闻的核心在于让受众了解灾害现场，因此报道以图片新闻和通讯为主。救灾报道内容较为丰富，不仅涉及灾害现场情况、救灾情况，还涉及灾民安置问题、灾害形成的自然原因以及人为原因等，同时配发图片，增加文章的现场感。灾害过后，对灾害问题的后续，例如学生复课等受众关心的问题进行追踪报道；同时通过对不同工作者的特写式报道从侧面反映灾害的严重程度与救灾展现的人文关怀，突出温情报道的特色。

妇产科医生张玲

"我不能把病人丢下自己走了。"

就在大家与洪水赛跑、紧急撤离的时候，产妇苏金花正躺在独贵塔拉镇中心卫生院的产床上。

独贵塔拉镇地势低，洪水在一步步逼近，晚一分钟撤离就多一分危险，而此时的苏金花正是临产状态，已经不可能再从产床下来。外面的民警在不停地喊，要人赶快撤离，水就要过来了。

负责接生的医生张玲回忆当时的情景：这个时候自己千万不能慌，不然产妇的压力会更大。张玲一边轻轻按摩妇女的周身，一边安慰着她。

苏金花说："当时非常绝望，生怕张医生走了，她家亲戚也给她打电话催她走。"

今年43岁的张玲说："我也很害怕，但我不能把病人丢下自己走了!"

在张玲等人的安慰和鼓励下,苏金花终于在一个多小时后顺利生下一名男婴。张医生的丈夫这时早已准备好车辆,以最快的速度把母子转移到安全地带。

苏金花不知道,她们离开后不久,洪水就涌进了独贵塔拉镇卫生院。①

灾难信息本身是负面信息,但通过媒体的引导,负面信息不一定会成为负面新闻,也不一定会产生负面影响。进入21世纪后,《人民日报》能够全面、快速、真实地报道黄河灾情,同时也更加注重灾难报道中的引导,防止负面信息成为负面新闻。具体的引导方式就包括温情报道。黄河灾难中的温情报道更加注重描述灾难中的细节和传递一些积极向上的信息,使受众在灾难中感受到人文关怀、看到党和政府所做出的努力,防止负面影响的出现乃至扩大。

相较于2008年,《人民日报》针对2012年洪灾的报道有了新变化。"2012年,全国降水接近常年略偏多,局地降雨强度大,先后有7个热带气旋在沿海登陆。受降雨影响,全国420多条河流发生超过警戒水位的洪水,70条河流发生超过保证水位洪水,40条河流发生超历史记录洪水。黄河干流出现4次洪峰,上中游发生1989年以来最大洪水。"②

2012年黄河洪灾与伦敦奥运会等基本处于同一时间,《人民日报》在报道上,特别是在头版,倾向于报道政治与体育

---

① 贺勇、王臻:《黄河溃堤的决口已被成功封堵,但灾区树尖的泥痕和挂在电线上的水草仍昭示着曾惊人的水位 当洪水一步步逼近……》,《人民日报》2008年4月8日,第5版。

② 闫淑春:《2012年全国洪涝灾害情况》,《中国防汛抗旱》2013年第1期。

第四章 作为生存基础的黄河：进入21世纪后的报道（2000—2012）

事件。《人民日报》还开辟了奥运专版，由此其他新闻的报道空间被压缩。但即便如此，黄河灾害乃至全国的洪涝灾害也多次出现在头版与其他要闻版上，从侧面说明了黄河灾害的严重程度。相较于2008年的凌汛报道，由于本次灾害造成的损失较小，因此报道倾向于防灾救灾政策指引。报道从7月底持续到8月底，集中在7月底和8月初的时段。具体内容包括洪灾引发的问题、洪灾发生原因、政府政策指引等。报道问题以消息为主，辅以少量通讯，且通讯主题以领导视察与政策指引为主（见表4-3）。

表4-3　2012年7—8月黄河灾害报道统计

时间	标题	版面	字数
7月29日	《陕西境内黄河现二十三年最大洪峰》	第2版 要闻（共8个版面，其中4个为奥运专版）	525
7月30日	《黄河壶口景区受洪水影响暂时关闭》（配图）	第9版 视点	141
8月1日	《今年全国降水量为十四年来最多》	第2版 要闻	746
8月2日	《回良玉在国务院防汛抗洪救灾专题会议上强调 坚持以人为本 科学指挥调度 抓好关键环节 坚决打好防汛防台风和抗洪救灾这场硬仗》	第2版 要闻	1324
8月3日	《全面做好防汛抗灾各项工作——温家宝总理考察长江、黄河防汛工作》	第1版 要闻	2159
8月5日	《黄河壶口瀑布恢复开放迎客》（配图）	第4版 要闻	104
8月30日	《回良玉在内蒙古考察黄河防汛抗洪工作时强调 毫不松懈落实各项防洪抢险措施 奋力夺取今年防汛救灾全面胜利》	第4版 要闻	972

相较于之前的报道，本轮报道明显增加了领导视察的内容，由于"极端灾害天气多发、重发，降雨偏多，洪涝灾害严重"，因此报道中的工作部署与政策指引多表现为以全国洪涝灾害为基础的部署与指导，黄河洪灾则属于其中较为重要的组成部分，需要单独点明。除此之外，与以往不同的是，此间刊登了7月30日《黄河壶口景区受洪水影响暂时关闭》，以及8月5日《黄河壶口瀑布恢复开放迎客》这两篇与旅游相关的文章。旅游文章的出现反映了黄河功能的增加，在黄河灾害面前，黄河的旅游功能或者说经济功能受到的影响已经成为不能忽视的重要方面。

二 灾害报道的常态化

除此之外，灾害报道不再是"迫不得已"的报道。2000年之前黄河灾害报道的出现相对集中，且《人民日报》多报道受灾面积较大、伤亡人数较多的灾害。灾害报道一旦出现，必然具有持续时间较长、范围较广的特点。2000年以后的黄河灾害报道呈现出集中与分散相结合的态势。不仅有2008年以及2012年这类相对集中的灾害报道，在日常报道中，黄河灾害的出现频率也有所增加，例如2005年全年没有集中性的黄河灾害报道，但有分散报道6篇，2010年出现了8篇分散的灾害报道，黄河灾害报道呈现出日常化的趋势。

从两轮黄河灾害报道来看，相关内容有灾害情况的变化、政策指引、灾害原因、灾后重建以及对经济功能的影响。相较于2000年前的灾害报道，21世纪之后的《人民日报》在灾害情况报道方面，反应速度更快、文章更短、图片更多，文体以短消息为主。1990年，《人民日报》上与灾害相关的文章的刊

第四章　作为生存基础的黄河：进入 21 世纪后的报道（2000—2012）

登载速度在两天左右，例如《人民日报》1990 年 4 月 30 日第 2 版国内新闻类文章《黄河防汛会议提出立足防大水抗大洪抢大险》，刊登的是郑州 4 月 28 日的事件；但 2000 年之后，灾害报道一般是隔天报道，时效性有了较大的提升。在图片新闻报道方面，《人民日报》也有了较大的变动，2000 年之后的灾害报道着重使用图片报道的形式，让读者从图片里获取有效信息。使用图片既能够成功引导受众关注黄河灾难，又能够让受众从图片中获得自己感兴趣的信息，同时还能够增加现场感。21 世纪以来，群众更加关注知情权，因此党对新闻的要求，不再过多地注重教化与理论，而是更看重信息的丰富程度。在此基础上，《人民日报》在信息的数量、速度以及质量上都有了极大的突破。

《人民日报》灾害报道在报道内容、文字表述，以及报道策略上，有了更加成熟的发展。如在文章内容方面能够全面展现灾害，正视负面消息，并通过一定的引导，防止负面影响的产生。在文字表述方面，相较于 2000 年前的报道，《人民日报》能够明确地表述当前的问题，例如"目前淘岸险情仍在加剧，截至 11 日 17 时，淘岸长度已达 2 公里，淘毁耕地 1500 多亩"[①]，运用数字明确表述负面信息，这是 21 世纪之后《人民日报》在黄河灾害报道方面的重要转变。2000 年之前，《人民日报》在报道策略上已经比较成熟，通过报道政策指引、现场情况等，使受众对灾害全貌有大致了解。2000 年后的黄河灾难报道策略在已有的基础之上，进行了完善，不仅根据社会发展要求增加上文提到的经济报道，还会根据具体灾害问题，

---

① 《黄河内蒙古磴口段淘岸险情加剧 1500 多亩耕地被淘毁》，《人民日报》2009 年 4 月 13 日，第 5 版。

对不同方向的文章数量进行策划,形成一定的引导,例如通过增加领导指挥以及政策指引的文章数量,体现出党与政府的关心,从而引导受众思考,防止负面新闻以及负面影响的出现。

第四节 黄河文化塑造：黄河文化报道立体化

经过多年的建构,黄河的象征性已经有了较为明确的指向,《人民日报》上大量文章将黄河作为意象的同时,文章主要内容,包括某些人物所具有的精神品质也自然而然地"加载"到黄河之上,使黄河的精神品质更加丰富、饱满。

一 黄河意象的丰富化

黄河象征性不断增强。"黄河素有'母亲河'之称,是维系中华民族大家庭的重要纽带"①,因此进入21世纪后,仍有大量活动以及企业以黄河命名,巩固了黄河本身丰富的内涵。2002年11月10日《人民日报》第12版文艺专页刊登文章《讴歌石油工人 展现胜利精神——"迎接党的十六大〈龙腾黄河口〉作品研讨会"在京召开》,文章介绍了《龙腾黄河口》这一由油田工人自己创作、自己演出、属于石油工人的组歌。组歌的名称为《龙腾黄河口》,共由唤醒黄河口、会战黄河口、情满黄河口和畅想黄河口四章组成,胜利油田黄河钻井总公司创作演出；由于胜利油田位于黄河入海口,因此使用"黄河口"具有较强的地理寓意。同时,名称中的黄河和石油工人之间也具有很强的精神互通性,黄河本身赋予石油工人民族性,而石油工人身上的精神例如爱国、创业、求实、奉献

---

① 归帆：《建议制定〈黄河法〉》,《人民日报》2001年4月9日,第5版。

第四章 作为生存基础的黄河:进入21世纪后的报道(2000—2012)

等,丰富了黄河本身所代表的百折不回的民族抗争精神。2003年4月30日《人民日报》在第9版文化新闻版刊登文章《从黄河之滨走来的张继钢》,讲述了舞蹈编导张继钢的事迹,而张继钢的舞蹈与黄河之间也具有一些联系。"来自黄河两岸、黄土高原上一种中国人特有的人格性情,从舞台上铺天盖地弥漫下来包围了观众",而张继钢的舞蹈也为黄河增添了"浓重的民族精神底蕴"。2008年7月8日第5版奥运特刊刊登文章《奥运火炬7月7日在兰州市传递 奥运圣火辉映黄河两岸》,"曾荣获中国十大杰出母亲称号的朱雪明高举祥云火炬来到'黄河母亲'前。这尊著名的雕塑以'母亲'和'男婴'构图,分别象征了哺育中华民族生生不息、不屈不挠的黄河母亲和快乐幸福、茁壮成长的华夏子孙"[1],黄河本身是国家活动不可忽视的方面,以黄河代表中华民族使北京奥运带有民族精神的底色,而北京奥运也使黄河有了较为浓郁的国际色彩。

2011年5月6日《人民日报》在第19版台港澳侨版发表文章《黄河青山百年梦(侨连四海)——中国侨史学界纪念辛亥革命一百周年》,文章讲述了孙中山带领华侨进行辛亥革命的故事。这一长篇通讯行文过程中没有任何黄河的"痕迹",只在标题上出现了"黄河"字样,副标题明确了文章的主要内容是中国侨史学界对辛亥革命一百周年的纪念,"黄河青山百年梦"作为虚题成了文章的主标题,说明"辛亥革命唤醒了华侨的民族意识和国家观念,使他们打破地域和帮群的樊篱,由'家乡认同'转向了'国家认同'"[2],主标题中的

---

[1] 《奥运火炬7月7日在兰州市传递 奥运圣火辉映黄河两岸》,《人民日报》2008年7月8日,第5版。

[2] 孙立极、阮晓:《黄河青山百年梦(侨连四海)——中国侨史学界纪念辛亥革命一百周年》,《人民日报》2011年5月6日,第19版。

"黄河"则代表了国家与民族的形象。《人民日报》将黄河作为国家、民族的代名词，放在了主标题中，说明受众能充分理解"黄河"出现在作为虚题的主标题中的作用，黄河作为国家和民族的象征已经被大多数人接受。

黄河的代表性也在不断增强。2005年10月10日《人民日报》在第6版经济版刊发《按规划，十年后大型灌区节水改造和农田节水灌溉，两者合计节水量相当于黄河径流量——节水灌溉：要节出一条黄河》（经济视点），文章讲述了我国在人多、地少、淡水资源短缺的情况下，应该如何最大限度地提高用水效率，实现农业可持续发展。除了标题处出现两次"黄河"，文章内容中只出现过一次"黄河"，且与标题同义。《人民日报》之所以选择黄河作为节水量的参照物，首先说明黄河作为中国第二大河，是受众所熟知的河流，受众能够理解将黄河作为参照物的意义；其次以黄河作为参考，能够更好地使受众了解节水量之多，具有一定的震撼性。2009年8月6日第13版国际版刊发文章《莫斯科上演"黄河奇迹"》，报道了在莫斯科演出的中国杂技大受好评，而晚会名字叫作"黄河奇迹"。此处的"黄河"不仅代表了晚会的名字，表明了杂技表演过程中带有黄河文明，同时也作为中华民族的代名词出现在国际舞台上。

二　黄河历史的具体化

黄河的历史性在长期的沉淀过程中日渐突出。谈及中华民族以及民族精神的发展，基本离不开黄河。2012年4月6日第17版文教周刊刊登文章《中国龙已有八千岁》，文章的虚题为"龙是中国文化最重要的象征之一，但对于龙的起源一

第四章 作为生存基础的黄河：进入 21 世纪后的报道（2000—2012）

直是个谜。考古发现，最早约 8000 年前，从中国东北西辽河流域的森林草原中，兴隆洼文化巨龙横空出世；距今 5000 多年前，越过了黄河到达长江流域，龙与凤交相辉映；到了距今 3000 多年前，华夏龙文化光被四表，抵达了珠江流域"①。文章中虽然对黄河的龙文化表述甚少，但黄河仍被视为中华民族历史文化中重要的地理坐标，这有效增加了黄河的历史积淀。

黄河的历史文化厚度在不断增加。20 世纪，以黄河为背景的文艺作品开始出现，到了 21 世纪，由于黄河本身代表性和象征性的提升，以黄河为背景创作的文艺作品日渐增加。《人民日报》传播或转载以黄河为背景的文艺作品，说明《人民日报》对于作品本身是持支持态度的，因此与描写黄河的其他文章一样，黄河精神中的民族象征性与代表性为作品增添了民族性，同时作品中表现的美好品质也被黄河吸收。

2000 年 4 月，《人民日报》刊发文章《展现悠久的黄河文明——读〈黄河与科技文明〉》，文章以介绍该书为核心，彰显出很强的历史厚重感，"由夏商到唐代，黄河流域一直是我国政治、经济、文化的中心，在科学技术方面也一直处于领先的地位"②。黄河流域的古代科技"内容广博、深厚，成就巨大，代表了中华传统科学技术的最高成就和发展水平"。2000

---

① 杨雪梅：《龙是中国文化最重要的象征之一，但对于龙的起源一直是个谜。考古发现，最早约 8000 年前，从中国东北西辽河流域的森林草原中，兴隆洼文化巨龙横空出世；距今 5000 多年前，越过了黄河到达长江流域，龙与凤交相辉映；到了距今 3000 多年前，华夏龙文化光被四表，抵达了珠江流域。考古学家认为——中国龙已有八千岁》（文化脉动），《人民日报》2012 年 4 月 6 日，第 17 版。

② 何堂坤：《展现悠久的黄河文明——读〈黄河与科技文明〉》，《人民日报》2000 年 4 月 27 日，第 11 版。

年6月,《人民日报》刊发了《热爱黄河保护家园》,文章介绍了《拯救黄河》这一纪录片,并写道,"和很多纪录片不一样的是,《拯救黄河》主要是反映问题。……相对于解决方式来说,该片更多的是提供了一种思考:拯救黄河,不仅仅是要解决水和沙的问题,更重要的是拯救黄河经济和拯救黄河文化"①。同年11月,《拯救黄河》的另一篇介绍文章写道:"黄河是中华民族的象征,孕育着中国悠久、灿烂的文明,也荡涤了中华民族宽广的胸怀。那滔天浊浪屹立着的'中流砥柱',更代表我们民族不屈的品格;那永远奔腾向前的激流,是我们中华民族自强不息的精神"②。2001年9月《点击黄河》一文写道,《点击黄河》专题片"通过当事人的生动口述和民间记忆,从不同方面呈现出一系列多层次的黄河流域的变迁史,以小见大,从而折射出20世纪中国的现代化进程"③。2002年1月刊发的《展现"母亲河"全貌——〈黄河传〉读后》写道,"在中国众多的江河中,黄河有着突出的地位和重大的历史贡献。黄河既是中华民族发生发展的重要摇篮,又是中华民族精神的象征"④。这些文章从科技、文化、精神、地位、历史等多个角度丰富了黄河文化的层次,增强了黄河的历史厚重感。

---

① 《热爱黄河保护家园》,《人民日报》2000年6月17日,第5版。
② 梁心:《巴比伦覆灭了,玛雅文化成了旧梦,黄河断流也将是文明的断流……〈拯救黄河〉叩击人心》,《人民日报》2000年11月10日,第12版。
③ 少波:《点击黄河》,《人民日报》2001年9月14日,第12版。
④ 于希贤:《展现"母亲河"全貌——〈黄河传〉读后》,《人民日报》2002年1月27日,第6版。

第五节 关注黄河立法：黄河法制报道的出现

黄河相关法律规约形成时间较晚，基本形成于黄河有规模利用之后。1987年，国务院批准《黄河可供水量分配方案》，黄河成为我国大江大河中首条进行全河水量分配的河流。1999年，国务院授权水利部黄河水利委员会对黄河实施干流水量统一调度，在我国大江大河中开先河。2006年，国家层面第一次为黄河专门制定的行政法规——《黄河水量调度条例》颁布实施，防御旱灾的工程和非工程措施日益完备。

相较于黄河的法律规约形成时间，《人民日报》对黄河法规的报道时间更晚。2001年4月9日《人民日报》在第5版国民经济版刊登文章《建议制定〈黄河法〉》，文章从黄河的经济地位，实施依法治国方略的要求和贯彻实施水法的需要，解决黄河特殊的水事问题的需要和黄河治理开发的客观要求，实现黄河流域统一管理的需要四个角度论述了制定《黄河法》的必要性，这是《人民日报》首次提出黄河立法问题。

2006年7月29日《人民日报》在第5版要闻版全文登载了《黄河水量调度条例》，并配发《依法确保水量调度原则在黄河流域贯彻实施——国务院法制办有关负责人就〈黄河水量调度条例〉有关问题答记者问》一文，对《黄河水量调度条例》进行解读。"这是国家关于黄河治理开发出台的第一部行政法规，也是我国第一部流域水量调度管理行政法规。该条例的施行，对实现黄河水资源的可持续利用，防止黄河断流，促进黄河流域及相关地区经济社会发展和生态环境的改善有着重要意义。"① 2006年8月2日第6版经济新闻版文章《第一部流域水量调度法规 黄河水量调度条例正式施行应急调度中，可对排污企业实行限产或者停产》，进一步解读了该条例的制定背景以及施行的原因。2006年11月23日《人民日报》在第16版科教周刊·人与自然版刊登了长篇文章《作为中华民族的母亲河，黄河对流域经济社会发展的承载能力几乎已到极限。如今她累了、病了，亟须华夏儿女的精心呵护 为母亲河留下"生命水"》，文章结尾指出："今年8月1日起，《黄河水量调度条例》正式颁布实施，这是我国首次专门为一条河流的水量调度管理立法，为黄河不再断流提供了法律保障"②。

作为经济发展的重要命脉，黄河有力促进了流域经济社会发展，因此与黄河相关的法律规约逐渐进入人们的视线。《人民日报》在21世纪之初选择提出黄河立法问题，并选择深入且多方面报道《黄河水量调度条例》，不仅应和了党和政府的需要，同时有效反映了黄河问题以及相关社会问题。作为中共中央机关报，《人民日报》具有引导社会舆论、通达社情民意、做好舆论监督的重要作用，因此《人民日报》的黄河立法相关报道有重要的引导作用。从提出立法话题一直到报道国家出台《黄河水量调度条例》，《人民日报》的报道不断设置

---

① 赵永平：《第一部流域水量调度法规 黄河水量调度条例正式施行 应急调度中，可对排污企业实行限产或者停产》，《人民日报》2006年8月2日，第6版。
② 岳月伟、王明浩：《作为中华民族的母亲河，黄河对流域经济社会发展的承载能力几乎已到极限。如今她累了、病了，亟须华夏儿女的精心呵护 为母亲河留下"生命水"》，《人民日报》2006年11月23日，第16版。

黄河问题的相关议程，积极引导受众正面思考黄河问题。同时，这种引导使受众产生了对黄河本身的敬畏，形成对黄河利用的认知，从侧面增加了黄河的知名度，使受众对"母亲河"的称谓有了更深层次的理解。

第五章

造福人民的幸福河：黄河发展战略提出以来的报道（2013—2023）

2019年9月18日，习近平总书记在黄河流域生态保护和高质量发展座谈会上发表重要讲话，强调"要坚持绿水青山就是金山银山的理念，坚持生态优先、绿色发展，以水而定、量水而行，因地制宜、分类施策，上下游、干支流、左右岸统筹谋划，共同抓好大保护，协同推进大治理，着力加强生态保护治理、保障黄河长治久安、促进全流域高质量发展、改善人民群众生活、保护传承弘扬黄河文化，让黄河成为造福人民的幸福河"①。新时代赋予人民治黄事业新使命，习近平总书记在黄河流域生态保护和高质量发展座谈会上的重要讲话中，将生态环境保护、黄河长治久安、水资源节约集约利用、流域高质量发展、保护传承弘扬黄河文化五大目标任务一体部署，极大丰富了黄河保护治理工作的内涵和外延。

2013年，《人民日报》关于黄河的报道数量较少，不同话题的文章数量分布也基本稳定，并且报道形式以短消息为主，

---

① 习近平：《在黄河流域生态保护和高质量发展座谈会上的讲话》，《求是》2019年第20期。

报道事实比较单一，突出最新鲜、最重要的事实，文字简洁，时效性强。但文章版面相对靠后，位于头版的较少，文章版面位置靠下。

2019年9月18日习近平总书记在黄河流域生态保护和高质量发展座谈会上发表重要讲话后，《人民日报》上黄河相关文章数量明显增加，2020年到2023年，《人民日报》发表的黄河相关文章数量占据了2013—2023年黄河相关文章数量的55%，同时文章字数或篇幅整体有了飞跃式的增加。虽然数量和篇幅都有所变化，但黄河话题的分类相对稳定，与此前基本相同，黄河政策话题报道显著增多。黄河相关报道的形式也有了较大的变化，从2019年起，报道形式从过去的以短消息为主逐渐向多种形式并存变化，《人民日报》关于黄河的报道不仅有短消息和长篇通讯，还出现了评论甚至是专栏、专题、专版等形式，从而从不同角度丰富黄河报道与黄河形象。黄河报道的版面位置也有了较大的变化，除了要闻版之外，还会出现在环境、经济、政治、两会、副刊等多个版面，说明黄河问题被人们从多个角度关注。同时相较于2019年之前，黄河报道经常会出现在头版甚至头条位置，除此之外在要闻版或者其他版面上，黄河报道也能够占据靠上的版位，说明《人民日报》对黄河问题的关注度在逐渐攀升。

在话题方面，2013—2023年，除了黄河发生灾害时，例如2017年黄河接连发生了凌汛与洪水险情，因此灾害报道的比重突升，在其他时间，开发与发展始终占据较为重要的位置。在这一时期的黄河报道中，黄河开发与发展主题的文章数量占据每年总数的1/3左右。2013年后，《人民日报》的黄河报道继续以黄河的发展和多方向开发为核心，同时重视黄河文化的发展与黄河政策的制定。总体来看 2013—2023 年特别是 2019—2023 年这一时段,《人民日报》黄河报道的重要性逐渐增加,文章更加重视黄河的主体性(见表 5-1)。

表 5-1　2013—2023 年黄河报道主题数量统计

单位:篇

	地理位置	灾害	开发与发展	黄河工程	问题	文化	政策	总数
2013 年	4	2	5	0	3	3	1	18
2014 年	3	1	6	2	1	9	1	23
2015 年	4	2	11	1	3	9	0	30
2016 年	4	2	13	0	1	5	0	25
2017 年	0	7	8	0	1	7	0	23
2018 年	1	5	4	1	0	6	2	19
2019 年	3	1	9	1	1	9	4	28
2020 年	3	9	21	1	1	9	6	50
2021 年	2	7	17	1	2	9	13	51
2022 年	2	4	26	4	1	9	14	60
2023 年	2	4	17	1	0	9	10	43
总数	28	44	137	12	14	84	51	370

第一节　黄河开发报道的多样性:跳出黄河看黄河

　　黄河开发是《人民日报》一直非常关注的问题。2013 年后,黄河开发仍是《人民日报》报道量较多的话题。但与之前不同的是,2013 年后,《人民日报》在改造、开发黄河的基础上,丰富了黄河开发的视角,提升了对黄河生态的关注度。

　　基于黄河以及黄河报道历年来的发展,《人民日报》的黄河开发视角逐渐多样化。从早期只针对水利工程的开发,逐渐发展到关注生态利用与农业发展，再到改革开放后的经济视角，黄河功能的丰富化带来了《人民日报》报道视角的多元性。2013年后，黄河开发视角在原来的生态、农业、经济等基础上，更加细化，也更加多样化。

一 黄河开发报道的主题变化

这一时期黄河开发报道逐渐增多，特别是2020年到2023年这段时间，随着黄河报道整体数量的增加，黄河开发报道数量也显著增多。同时黄河开发报道也出现了一些新的报道议题和报道视角。

黄河的开发直接促进了民族发展，例如2014年6月6日《黄河金岸》一文指出，"实现建设一个城市目标，从繁荣经济，发展民族文化，促进民族和谐，解决民生问题诸多方面，黄河金岸发挥了重要作用。与此同时，他们清醒地认识到，这既是抓经济，同时也是抓和谐文化。"[①] 随着经济的发展，黄河开发方面还出现了新的报道视角，即黄河搬迁。2015年12月20日第9版新农村周刊版刊登《河南黄河滩区启动搬迁扶贫，33万贫困人口有了新希望 搬出穷窝拔"穷根"》，"2014年年底，河南决定试点先行，对受洪水威胁较大、能整村外迁的14个村开展搬迁扶贫试点。一项惠及几十万贫困人口的居民迁建计划启动，这让祖辈生活在滩区的百姓看到了脱贫的希望。""科学谋划、分类施策、精准扶贫、整体迁建是破解黄河滩区脱贫难的破冰之举。"[②]

---

① 艾克拜尔·米吉提：《黄河金岸》，《人民日报》2014年6月6日，第24版。
② 马跃峰：《河南黄河滩区启动搬迁扶贫，33万贫困人口有了新希望 搬出穷窝拔"穷根"》，《人民日报》2015年12月20日，第9版。

2013年之后《人民日报》黄河开发报道以黄河给群众带来的利好作为主要报道对象。无论是上文中的民族发展、黄河搬迁，还是文化建设、经济发展，这一时期的黄河开发报道与之前几个时期相比都有了较大的变化，表现为注重建构黄河的"幸福河"形象。这一时期《人民日报》着重报道在黄河的滋养下人民群众的幸福生活。2013年12月的《河海交汇处 鸟类中转站 挥别利林村 黄河入大海》描绘了黄河入海口的美丽景色；2017年6月《山东推进黄河滩区脱贫迁建 给60万群众稳稳的家》报道了政府帮助滩区群众脱贫迁建村庄的故事；2021年12月的《黄河岸边的老村新家》则讲述了河南省黄河滩区迁建安置区试点濮阳市范县千安社区的幸福生活。

同时，治理黄河仍是《人民日报》黄河报道的重要主题。2020年1月《人民日报》报道的《黄河中游突出抓好水土保持和污染治理 黄土高坡治出黄河新面貌》，通过四个"从……到……"的故事，分别讲述了黄河沿岸人民在治沙、植绿、修复的过程中，探索富有地域特色的高质量发展新路子的故事；2022年1月的《龙门水文站——峭壁间 守黄河安澜》通过图文介绍的形式，讲述了龙门水文站是如何在艰难的环境下完成"黄河干流的水位、流量、含沙量、泥沙颗粒分析、冰情、水质等测报任务"，从而为"为防御水旱灾害、水库调度运用、水资源配置等提供基础数据支撑"[①]。这些报道都是在告诉读者，即使在21世纪，即使在黄河已经成为"幸福河"的当前，治理黄河仍然不可松懈。

[①] 王浩、李晓晴、朱洪雁：《龙门水文站——峭壁间 守黄河安澜》，《人民日报》2022年1月13日，第14版。

就此而言，黄河开发报道在2013年之后确实有了新的进展，出现了各种各样的新主题，但其中的报道内核并没有发生本质性的变化。和之前时期相似的是，《人民日报》依旧关注黄河的开发与治理，这类报道的核心在于体现党和政府对群众生产生活的关心与支持。这与这一时期《人民日报》建构的"幸福河"形象有着相同的出发点。

二 黄河开发报道的文体变化

在文体以及报道方式上，《人民日报》黄河发展主题也有了新变化。在之前的报道中，黄河开发报道多以消息的形式出现，2020年后有了多种文体来体现黄河发展的新成就。例如，相隔20年，《人民日报》再度组织"行走黄河"采访报道，并发布在第13版或第14版记者调查版的"人民眼·行走黄河"专题上，占据整版位置。"人民眼·行走黄河"专题是由一篇介绍和上中下三篇文章组成的，分别是2020年1月3日刊登《行走黄河看巨变》，介绍报道发生的背景以及大致内容；2020年1月3日的《听，人与长河的交响》，2020年1月10日的《黄河中游突出抓好水土保持和污染治理 黄土高坡治出黄河新面貌》，2020年1月17日的《东流入海 悬河安澜写新篇》，这3篇文章是较为标准的5000字以上长篇通讯，在语言表达上甚至有报告文学的色彩。文章通过大量的直接引语以及数据，介绍了黄河上中下游的具体情况，体现出黄河人文、生态与经济发展的多重关系，揭示了黄河岁岁安澜的奥秘。

首篇文章《听，人与长河的交响》用"冲突·和解""治理·反哺""开发·转型""报偿·共生"四个"乐章"，通

过四个故事讲述了黄河上游群众的发展心路变化。故事中有大量的直接引语,例如:

> 命运仿佛跟唐希明开了个玩笑。
> 铆劲考上大学,"是心里藏个念想,逃出老家这穷地方"。
> 临到毕业分配,结果是:唐希明,回宁夏中卫,治沙去。①

这种通俗的语言,能够使受众理解作者所表达的人与自然和谐相处的核心要义,而多用短句,多断行,使文章有对话的画面感,使受众有种身临其境的感觉。四个"乐章"之间有非常强的时间顺序以及逻辑发展顺序,从人与黄河之间的冲突到黄河开发,再到人与黄河共生,这种逻辑关系不但体现了不同时期国家对黄河的发展要求,同时突出了当前人与自然和谐共处、经济与生态协同发展的重要主题,展现了高质量发展壮美画卷。其他两篇文章也均由四部分组成,部分与部分之间主要突出了黄河治理与发展的逻辑顺序,通过不同案例、不同职业、不同视角来表现黄河在不同时期、不同地段的发展过程。

利用专版进行较长时间的、全方位的黄河专题报道,是《人民日报》黄河报道基本未尝试过的报道方式,3 篇长篇通讯报道加一篇消息介绍,不仅明确地告知受众专题报道的背景,同时不同寻常的长篇通讯,使黄河不再是过去媒体眼里的黄河,而是"活"了起来的,具有具体意向和具体内涵的黄

---

① 李泓冰、姜峰、李栋等:《听,人与长河的交响》(人民眼·行走黄河)(上),《人民日报》2020 年 1 月 3 日,第 13 版。

河。除此,还有 2020 年 9 月"大江大河·黄河治理这一年"系列,通过 3 篇文章说明了三个城市治理黄河污染的问题;"大江大河·关注黄河保护"系列,从 2021 年 10 月到 12 月,通过 4 篇文章描述了黄河上中下游四个重点流域与某些城市的黄河保护措施与发展情况。

从内容到形式的转变体现出《人民日报》黄河开发报道理念的改变,也体现了人民治黄事业全面发展重要思想方法中的系统观念。保护黄河、开发黄河是事关中华民族伟大复兴和永续发展的千秋大计,"开发黄河,有个全局与局部的关系问题。黄河开发,当然是各个地区、各个方面、各个单位的开发,但是,各地区、各方面、各单位不能各自孤立地开发,既要有局部的举动,也要有全局的蓝图,既要有近期的方案,又要有长期的战略"①。习近平总书记深刻指出,"要坚持山水林田湖草综合治理、系统治理、源头治理,统筹推进各项工作,加强协同配合,推动黄河流域高质量发展"②。从 70 余年来《人民日报》的黄河开发报道中能看出,报道从过去某一时期关注某一流域或方面,例如 20 世纪 50 年代关注黄河下游防洪开发,60 年代关注中游的水土流失,80 年代关注上中游水利开发,到 90 年代关注下游经济开发,黄河开发报道始终是分散的,黄河本身的形象也"四分五裂",到现在《人民日报》不再局限于关注上中下游各自开发,更加注重报道各流域之间的紧密联系,例如积极报道实施黄河干流水量统一调度以及全河水量分配的问题、生态问题。"自 1999 年实施黄河水量统一

---

① 蒋映光:《怎样看待黄河?怎样开发黄河?——黄河中下游地区经济资源开发研讨会侧记》,《人民日报》1989 年 3 月 31 日,第 6 版。
② 习近平:《在黄河流域生态保护和高质量发展座谈会上的讲话》,《求是》2019 年第 20 期。

调度和2002年小浪底水库启用以来，黄河下游水生生物生态基础流量得到保障，流域水生生物资源和生态环境恶化趋势得到遏制，河流生态系统健康状况得到有效改善"①，从中可以看到全河水量调度以及黄河上游的工程建设对黄河下游的生态有着重要影响。"面对流域严峻旱情，黄河防总加强刘家峡、龙羊峡、小浪底等骨干水库蓄水调度，全力支援流域各地抗旱，截至目前，河南、山东两省共引黄河水10.74亿立方米，较去年同期多引6.73亿立方米，累计完成抗旱浇灌面积1160万亩（次）"②，《人民日报》中的黄河报道从各个角度展现各流域之间的联系。因此当前《人民日报》在黄河开发报道上坚持系统论的观点，坚持"跳出黄河看黄河"，着眼整体把握局部，着眼长期处理，使黄河的开发理念成为一个上中下游相互作用、左右岸唇齿相依、牵一发而动全身的系统性工程理念。

第二节　生态报道的主题转向：黄河可持续发展

在《人民日报》黄河发展报道中，变化最大的部分在于对黄河生态发展的报道。在中国共产党领导和社会主义制度下，《人民日报》黄河生态发展报道紧跟党的政策与人民需求，着眼不同历史时期治黄主要矛盾的发展变化，将流域生态保护不断推向新高度。

---

① 卞民德：《多种外来水生生物定居下游河道，引发生态忧思　警惕黄河中的"外来客"》（绿色焦点），《人民日报》2013年8月17日，第9版。
② 赵永平：《丹江口水库向平顶山应急调水　黄河防总保障流域抗旱用水》，《人民日报》2014年8月8日，第10版。

(作者 2016 年拍于黄河壶口瀑布)

一 黄河生态建设思想变化

"黄河复杂难治，症结在于水少沙多，巨量的泥沙来自黄土高原。这里是我国乃至世界上水土流失面积最广、侵蚀强度最大的地区，多年平均入黄泥沙达 16 亿吨。据考证，古代黄土高原林地面积曾占总面积的 40% 至 50%。春秋战国之后，森林开始遭到破坏，到唐宋时期破坏面积接近二分之一，到明清时期 80% 至 90% 的森林遭到毁灭性破坏，到 1949 年新中国成立时只剩下约 6%。脆弱的生态环境、严重的水土流失，成为黄河泥沙为患的重要原因。"[①] 新中国成立后，黄土高原水土流失治理经历了由点到面、由单项治理到综合治理、由人工措施为主到更加注重自然修复的转变；通过淤地坝建设、坡改梯、小流域综合治理等措施，达到增产拦泥目的。20 世纪 80

---

① 《水利要闻丨中国共产党领导人民治理黄河的经验与启示》，澎湃新闻，https://m.thepaper.cn/baijiahao_14338242。

年代初,推广"户包治理小流域",开创了"千家万户治理千沟万壑"的崭新局面。1997年后,按照党中央"再造一个山川秀美的西北地区"的号召,黄河流域率先实施"退耕还林（草）、封山绿化、以粮代赈、个体承包"政策,发挥植被自我修复能力。党的十八大以来,习近平生态文明思想引领山水林田湖草沙系统治理,以坡耕地整治、病险淤地坝除险加固和塬面保护等一系列国家水土保持重点工程为龙头,示范带动全面治理,"绿水青山"与"金山银山"相融相生,助力几百万人脱贫解困。"截至2018年,黄河流域累计保存水土保持措施面积近24万平方千米,建成5.9万多座淤地坝和大量小型蓄水保土工程,在2000多条小流域开展了综合治理。水利水保措施年拦减入黄泥沙4.35亿吨,原来的跑水、跑土、跑肥的'三跑田'变成了保水、保土、保肥的'三保田'。水土保持措施累计增产粮食1.57亿吨,增产果品1.56亿吨。黄土高原地区生态环境总体改善,林草植被覆盖率普遍增加了10至30个百分点。昔日山光水蚀的黄土高原迈进山川秀美的新时代。"[①]

二 黄河生态报道主题变化

按照黄河治理与发展的历程与措施,《人民日报》生态报道主题不断变化,推进黄河生态发展。如前文所述,《人民日报》在60年代开始注重对黄河生态发展的报道,根据当时受众的基础素养,通过文字进行细致的教导与教化,指导受众进行黄河生态恢复工作,并使受众形成黄河生态保护的意识。80年代在黄河生态恢复的基础上,《人民日报》开始报道黄河经

---

① 《水利要闻｜中国共产党领导人民治理黄河的经验与启示》,澎湃新闻,https://m.thepaper.cn/baijiahao_14338242。

济开发。以黄河三角洲的生态发展为例，在经济不断发展的基础之上，《人民日报》多次进行黄河三角洲的生态报道，从而证明生态与经济可以相互协调、相互促进。21世纪以来特别是2013年以来，《人民日报》黄河报道更多地体现出可持续发展的路径，同时更多推出与黄河相关的法制报道，将黄河生态保护提升至法制层面，从而使受众形成推动黄河可持续发展的意识。

在黄河生态报道方面，《人民日报》有全面的视角，例如从60年代开始围绕水土流失治理，从水土流失的原因到危害一直到治理方式，都有较为全面的报道；同时《人民日报》还有预防视角，针对生态问题进行防范性的报道，防止生态破坏，例如《人民日报》2013年10月10日第10版经济版刊登《甘宁蒙建立突发环境污染应急联动机制 有利于保障黄河中上游水质》，"这项机制的建立，有利于三省区快速应对突发环境事件，保障黄河中上游水质。"① 除了报道官方预防机制，《人民日报》还积极挖掘民间预防与积极响应预防的典型事迹，例如2020年1月10日的文章《黄河中游突出抓好水土保持和污染治理 黄土高坡治出黄河新面貌》，用大量个人事迹，例如以准格尔旗巴润哈岱乡党委书记吕世光治沙的故事来讲述基层老百姓在治理过程中的重要作用。这类文章由于是从基层而来，因此有较强的示范引导作用，能够更好地搭建党和政府与群众之间交流的桥梁。在治理与预防的基础之上，《人民日报》也有成果视角，使受众在经历过多轮治理后，看到一定的成果，产生一定的民族自信心。例如2013年12月16

---

① 《甘宁蒙建立突发环境污染应急联动机制 有利于保障黄河中上游水质》，《人民日报》2013年10月10日，第10版。

日第 2 版要闻版的文章《河海交汇处 鸟类中转站 挥别利林村 黄河入大海》,"近些年,黄河口的环境越来越好,有的鸟儿到了这里就不再继续南飞,国家一级保护动物东方白鹳便是其中之一。"①

在黄河开发的 70 余年里,《人民日报》的生态报道视角更加丰富,层次更加多样化。从《人民日报》报道黄河一直到现在,《人民日报》的生态报道视角多样化源自生态可持续发展理念,从过去对水土流失的治理到现在防范性措施的推出,从 20 世纪 90 年代黄河三角洲的环境开发到当前经济发展要保全生态环境,《人民日报》对于黄河的报道一直是围绕着黄河可持续发展进行的。围绕着可持续发展,《人民日报》生态报道的质量不断变化,但总体呈现出螺旋式上升态势,报道视角日益多元,因此生态可持续发展成为《人民日报》黄河生态报道的内核。

(作者 2021 年拍于黄河口沿岸)

---

① 孟思奇、唐露薇、刘文明等:《河海交汇处 鸟类中转站 挥别利林村 黄河入大海》,《人民日报》2013 年 12 月 16 日,第 2 版。

第三节　问题报道的变化：正面宣传与舆论监督有机统一

《人民日报》作为党的机关报，承担着宣传党的理论和路线方针政策、宣传中央的重大决策部署、搞好舆论监督的重要责任。坚持团结稳定鼓劲、正面宣传为主，是党的新闻舆论工作必须遵循的基本方针。在黄河问题上，《人民日报》延续了之前的监督报道类型，但监督报道的方式有了新的变化。

之前《人民日报》关于黄河问题的报道更加注重问题的提出，虽然会在后期的报纸上刊登问题的解决，但相较于问题的提出，问题解决的报道吸引力较小，影响范围较窄。后期黄河的问题报道有了明显的变化，问题的提出与解决在同一篇文章中出现，既能够点明产生的问题，对其他单位产生警示作用，同时通过报道问题的积极解决，避免报道产生不良影响。例如，2019年12月12日第14版生态版刊登文章《9次处罚未能阻止违建，部门联动打出监管重拳 黄河堤内的游乐园，终于拆了!》，文章介绍了"一座占地370多亩的'法莉兰童话王国'游乐园，在没有办理任何规划和审批手续的情况下，拔地而起"[1]，但在一年多后，政府"加强部门联动，形成监管合力"，游乐园才彻底拆除了。这篇文章本质上是一篇反映问题的文章，但《人民日报》用了更多的篇幅去描述多部门联动治理的过程与结果，因此这篇文章最终成为"治理监管

---

[1] 《9次处罚未能阻止违建，部门联动打出监管重拳 黄河堤内的游乐园，终于拆了!》，《人民日报》2019年12月12日，第14版。

'合唱'的成功实践"。

新闻媒体要直面工作中存在的问题，直面社会丑恶现象，激浊扬清、针砭时弊，发表事实准确、分析客观的批评性报道。习近平总书记在党的新闻舆论工作座谈会上指出："舆论监督和正面宣传是统一的。"① 正面宣传和舆论监督，一个是报道成绩，一个是曝光问题；一个重在表扬，一个重在批评。二者看似对立，实际上是有机统一的。这种有机的统一体现在对黄河问题的报道中。从表面看《人民日报》的问题报道似乎是在弱化问题，试图将问题报道"包装"成一个成就报道，但实际上，正面宣传的成就报道与舆论监督的问题报道是一个问题的两个方面，从整体上看是一体的，因此不应该突出某个方面，而忽视另一个方面，更不应该将问题的两个方面割裂开来进行报道。由于黄河问题报道的目的与效果是相统一的，不管是问题的提出还是解决都具有明确的目的导向性，正面宣传黄河问题的解决，目的在于维护社会的和谐稳定，而问题的提出则是为了激浊扬清，防止类似现象再次发生，让人民感受到党心与民心同频共振。因此，从目的上看，黄河问题的正面宣传与舆论监督是有机统一的。当然，强调正面宣传与舆论监督是辩证统一的，绝不是使二者走向一体、等量齐观。以正面宣传为主是党的新闻舆论工作必须遵循的基本方针，在这一点上绝不能有任何含糊和动摇。因此《人民日报》问题报道的转变可谓抓住了正面宣传和舆论监督有机统一的核心，进一步突出黄河问题报道的作用。

黄河灾害一直是黄河报道的重要议题，贯穿了整个《人

---

① 《习近平在党的新闻舆论工作座谈会上发表重要讲话》，国际在线，https://news.cri.cn/uc-eco/20160219/9eea7c05-d3de-df82-d025-cb63afcdd00a.html。

第五章 造福人民的幸福河：黄河发展战略提出以来的报道（2013—2023）

民日报》的黄河报道过程。这一时期的黄河灾害报道数量相对较少，总体上延续上一时期的报道特征，即在有灾害发生时进行集中式报道，在没有灾害或者灾情不严重时进行以预防为主的常态化报道。以 2020 年为例，2020 年整年，《人民日报》一共发布黄河灾害报道 9 篇，这些报道呈现分散化、短小化的特征。2020 年 1 月报道了山西流凌现象，2 月底和 3 月中旬报道了内蒙古开河问题，文章均为不超过 500 字的简短通讯。2020 年 8 月，"受近期持续降雨影响，黄河源区唐乃亥水文站11 日 7 时 6 分流量涨至 2500 立方米每秒，编号为黄河 2020 年第 4 号洪水"[①]。《人民日报》就防洪的整个过程进行了一轮集中报道，但报道时间较短，且是将黄河灾情作为全国灾情的重要组成部分进行报道，而没有对其单独进行报道。本轮报道一共有 3 篇文章，分别是 12 日的《黄河发生今年第四号洪水 华北东北等地有强降雨过程》、18 日的《长江黄河将迎来新一轮洪水过程 四川云南部分地区有大暴雨》、19 日的《黄河发生今年第五号洪水 台风"海高斯"向广东西部靠近》，文章分别位于第 13、15、14 版生态版上，内容也以介绍灾害情况以及政府部署为主。由于防范得当，这次黄河洪水并未引发次生灾害，也未对人民群众的生产生活形成较大影响。除此之外，2020 年 11 月，为了应对凌汛问题，《人民日报》发布 3 篇文章，介绍灾情，并要求多地多部门做好防凌准备。对这种未形成灾情的黄河灾害进行报道是《人民日报》坚持黄河灾害常态化报道的重要表现，体现了媒体的社会责任感和使命感，有助于提升媒体的公信力。这种报道能够真实反映黄河灾害

---

① 赵贝佳、丁怡婷、王浩等：《黄河发生今年第四号洪水 华北东北等地有强降雨过程》，《人民日报》2020 年 8 月 12 日，第 13 版。

情况，为公众提供客观、全面的信息，使公众能够持续关注黄河的灾害情况，增强治理和保护黄河的意识。对于政府部门来说，常态化的灾害报道也有助于建立有效的灾害预警机制，提高对灾害的预警能力。同时，常态化的报道有助于使读者减少对黄河的"灾河"印象，使读者感受到黄河洪水并不可怕，在党和政府的领导下，这些灾害的影响相对较小。这也为《人民日报》建构黄河"幸福河"形象奠定重要基础。因此，黄河灾害报道的常态化对于增强公众防灾救灾意识、促进政府科学决策、推动社会监督、提升媒体责任感、传承与弘扬黄河文化等都具有重要意义。具体而言，这有助于推动黄河治理和保护工作的深入开展，为黄河流域的可持续发展贡献力量。

第四节　文化报道的发展：利用黄河文化讲好中国故事

2023年6月2日，在文化传承发展座谈会上，习近平总书记强调："中国文化源远流长，中华文明博大精深。只有全面深入了解中华文明的历史，才能更有效地推动中华优秀传统文化创造性转化、创新性发展，更有力地推进中国特色社会主义文化建设，建设中华民族现代文明。"① 千百年来，黄河浩浩荡荡，哺育了中华民族，孕育了灿烂辉煌的中华文明。《人民日报》从黄河开发开始，就注重黄河文化的建构，其报道在丰富黄河文化内涵、建构黄河形象上有重要作用。

---

① 习近平：《在文化传承发展座谈会上的讲话》，《求是》2023年第17期。

一 文化报道突出黄河主体性

2019年9月18日,习近平总书记在黄河流域生态保护和高质量发展座谈会上明确指出:"黄河文化是中华文明的重要组成部分,是中华民族的根和魂","保护黄河是事关中华民族伟大复兴的千秋大计",要"推动黄河流域生态保护和高质量发展"。①《人民日报》关于黄河文化的报道具有较强的持续性,且在2019年后数量趋于稳定。2019年成为《人民日报》关于黄河文化建构报道的重要转折点。

2019年之前,黄河的文化报道已经有较为明确的形式,黄河具有较强的代表性和象征性,例如2017年9月15日第12版"砥砺奋进的5年·迎接党的十九大特别报道·宁夏篇"《流不尽的黄河水 道不完的民族情 团结之花红遍塞上》,用黄河水来象征56个民族的团结,文章突出黄河代表中华民族的寓意,也使黄河这个意象具有更强的民族性。再如,2014年9月7日第4版要闻版《"黄河保卫华北 先生保卫黄河"——卫立煌将军抗日事迹追忆》,从标题中就能看出黄河对于中华民族的重要性。除此之外,黄河也是大量文艺作品创作的对象和背景,例如《民族精神的颂歌——评歌剧〈天下黄河〉》等。黄河意象使大量的文艺作品具有丰富的文化内涵。

2019年之后,虽然在题材上,黄河文化报道变化不多,但在内容方面,黄河文化报道中的黄河不仅仅是代名词或者是文化背景,报道更加注重建构黄河文化。

首先是黄河历史厚重感的建构与强化。之前的黄河考古主

---

① 习近平:《在黄河流域生态保护和高质量发展座谈会上的讲话》,《求是》2019年第20期。

要将黄河作为重要的地理位置，而 2019 年后，《人民日报》中关于黄河考古的报道不仅频率提升，有与之前相同的将黄河作为重要地理位置的考古文章，例如，2021 年 3 月 20 日《大汶口文化：黄河下游考古的重要收获》；也有了更加注重挖掘黄河文化的文章，例如 2020 年 2 月 22 日第 5 版文章《探寻未知的"黄河故事"》，研究了黄河渡口变化和黄河河道变迁，2022 年 8 月 10 日《讲好黄河考古故事》讲述了黄河与人类的互动关系，特别提到黄河大堤的考古。因此，从黄河历史厚重感的提升方面来看，《人民日报》拓宽了黄河历史的报道范围，更加注重对黄河本身的历史文化挖掘。

在典型人物的事迹报道中，之前《人民日报》多是将黄河作为重要背景，体现典型人物具有坚韧不拔等精神品质，黄河客观上也被赋予典型人物的一些品质，这些报道进一步丰富了黄河精神的内涵。而在 2019 年后，与黄河相关的典型人物报道则多与黄河本身相关，黄河不再是过去的"背景板"，而是具有了鲜明的形象。例如，2021 年 2 月 15 日《人民日报》在第 2 版要闻版发表的《黄河修防工李涛——守护大堤 使命在肩》，用特写的形式讲述了黄河守护人李涛的故事，其中不仅展现了李涛本人尽职尽责，也体现了黄河本身的防汛艰难程度与重要性。再如 2022 年 1 月 15 日第 8 版《黄河湿地护鸟人》讲述了黄河湿地国家级自然保护区高级工程师马朝红的故事，文章不仅突出了马朝红本人坚持不懈的精神，也使受众看到了黄河湿地欣欣向荣的景象。虽然也有将黄河作为背景的文章，但更多的报道中黄河不仅仅是黄河精神的体现，报道重在凸显黄河本身的形象。2022 年 4 月 28 日《人民日报》在第 8 版要闻版推出长篇通讯《党的十八大以来，黄河治理保护成效显著，这背后离不开默默付出的"黄河工匠"——练就过硬本领 守护大河安澜》，并配有快评《推进人才治黄 锻造黄河工匠》，将第 8 版打造成了关于黄河工匠的专版。文章通过 6 个黄河工匠的事迹，"从修建水利工程、守护堤防大坝、运行闸门泵站，到治理水土流失、攻关科技难题，数不清的工匠奋战在大河上下"，"加大科技创新力度，深入推进黄河流域生态保护和高质量发展"，"让黄河成为造福人民的幸福河"。文章通过大量直接引语在讲述工匠故事的同时，也向受众充分展示了黄河本身的问题与发展，"堤坝巡查、河道修护、闸门运行、防汛抗旱"，文章使受众充分了解黄河本身具体的形象与内涵。

除此之外，与之前相似的是，大量活动冠以黄河之名，这从 2020 年的《文化和旅游部联合黄河流域 9 省区举办黄河流域舞台艺术优秀剧目展演展播活动——黄河音符 奔腾而出》、2021 年的《"追梦中华·爱我黄河" 2021 海外华文媒体陕西采访行——传承中华文脉 讲好中华民族的故事》，以及 2022 年的《第十六届抢渡黄河极限挑战赛举行》等文章中可以看出。但与以往不同的是，之前的活动大多是借黄河之名，直接以黄河精神作为活动的底色，与黄河本身并没有太大的关联。而 2019 年后的活动大多是在黄河沿岸举办，并且不断挖掘黄河文化蕴含的时代价值，体现黄河本身的形象与精神。如《"追梦中华·爱我黄河" 2021 海外华文媒体陕西采访行——传承中华文脉 讲好中华民族的故事》一文就通过海外华文媒体的独特视角向海内外读者讲述黄河故事，介绍陕西发展故事，讲好中华民族的故事。2022 年的抢渡黄河极限挑战赛不仅通过赛事"充分体现青海省体育、旅游、生态、文化多业态融合的成果"①，体现出各民族人民百折不挠、自强不息的民族精神，还展现了黄河本身包容万物的品质与形象。因此不管是活动还是文章本身，其不仅仅是传承黄河文化、弘扬黄河精神的重要手段，还更加关注黄河本身，建构了黄河本身坚毅的形象。

从现实来看，黄河文化承载着中华民族的集体记忆，凝聚着中华儿女共同的情感认同，对激发每一位中华儿女的爱国热情具有独特作用。《人民日报》在2019年之前通过在文章中提及黄河精神或者黄河的地理位置，使受众在阅读过程中了解黄河精神与黄河文化，但这类文章更多的是从侧面反映黄河，从背景中体现黄河精神，很少直接表述黄河。在新时代，大力弘扬黄河文化，对铸牢中华民族共同体意识具有不可替代的独特作用，因此黄河本身也成了《人民日报》报道的重点，黄河不再是过去的朦胧意象，文章通过呈现从建设到发展、从"灾河"到文明的"幸福河"的变迁，为建设中华民族现代文明注入黄河文化力量。

二 利用黄河文化讲好中国故事

多年来，《人民日报》对黄河文化以及黄河精神的建构已经较为成功，黄河具有重要的代表性、象征性以及历史感，国内受众能够较好地理解黄河意象。但在黄河文化的对外交流方面，《人民日报》报道相对较少。

2021年6月4日《人民日报》第14版经济版发布文章《黄河主题国家级旅游线路发布》，要求打造"助力黄河流域

---

① 贾丰丰、韩春瑶、雷声等：《第十六届抢渡黄河极限挑战赛举行》，《人民日报》2022年7月5日，第15版。

第五章　造福人民的幸福河：黄河发展战略提出以来的报道（2013—2023）

建设彰显国家形象、具有国际影响力的区域旅游目的地"；2022年6月21日《人民日报》在第10版要闻版发布文章《〈黄河文化保护传承弘扬规划〉实施》，强调要"打造具有国际影响力的黄河文化旅游带"；2022年12月1日第18版民主政治版发表文章《全国政协召开网络议政远程协商会汇聚智慧——推进黄河国家文化公园建设》，提到"黄河文化是中华文明的重要组成部分。系统梳理黄河文化精神内涵与时代价值，加强黄河文化对外传播，有助于国际社会读懂中国、读懂中国人民、读懂中国共产党、读懂中华民族"，但目前"缺少'黄河故事'的国际表达"。《人民日报》在同年6月20日发表评论《讲好新时代黄河故事》，认为"要在国际传播中讲好新时代黄河故事，增进世界人民对黄河文化的了解，推动黄河文化和中华文明在世界范围内的传播。"[1] 文章同时提到较好的黄河文化对外传播的案例，"比如，2020年，陕西历史博物馆等文博单位和交响乐团跨界合作，将西方古典音乐与黄河文化相融合，引起国内外媒体的广泛关注，拓展了黄河文化国际交流的新途径"[2]。可以看到，《人民日报》对于黄河文化的对外传播比较重视，但《人民日报》所报道的黄河文化对外传播内容多是政策推广性质的，是号召性质的，以推动基层政府与群众进行黄河文化对外传播与建设。因此，《人民日报》文章中虽然有对外宣传的内容，但最终的受众还是国内人民。《人民日报》关于黄河文化、关于黄河的大多数报道，介绍宣传的往往是中国的人物、事件、成就等，且以官方为主要角

---

[1] 韩海燕：《讲好新时代黄河故事》（新论），《人民日报》2022年6月20日，第5版。

[2] 韩海燕：《讲好新时代黄河故事》（新论），《人民日报》2022年6月20日，第5版。

色，显示政府治理黄河的巨大成效，传播途径也相对单一。就此而言，《人民日报》在黄河文化对外传播的议题设置方面较为被动。

新时代保护、传承、弘扬黄河文化，要以习近平总书记关于黄河文化系列重要论述为指导，深入研究阐释习近平文化思想的科学内涵，探赜黄河文化的价值功能与精髓要义。积极推动黄河文化建设，不仅是铸牢中华民族的根和魂、增强文化自信的必然要求，而且是建设中华民族现代文明的题中之义，是为中华民族伟大复兴提供强大精神动力的必然要求。

第五节　政策报道的稳定：推进黄河流域生态保护和高质量发展

进入21世纪后，特别是2013年到2018年，《人民日报》关于黄河政策的报道逐渐减少，2019年习近平总书记在河南主持召开黄河流域生态保护和高质量发展座谈会后，黄河政策再次成为《人民日报》关注的话题。2019年到2023年，《人民日报》关于黄河政策的报道具有较强的逻辑性与预设性，能够较好地引导受众理解与思考黄河政策。

一　多层次的黄河政策报道

2019年9月20日《人民日报》在第1版要闻版的头条位置发表了文章《习近平在河南主持召开黄河流域生态保护和高质量发展座谈会时强调　共同抓好大保护协同推进大治理　让黄河成为造福人民的幸福河　韩正出席并讲话》，同时配发了关于习近平总书记发表讲话的背景的文章《创作新时代的黄河大合唱——记习近平总书记考察调研并主持召开黄河流域生态保护和高质量发展座谈会》，"黄河流域的生态保护和高质量发展摆上了党中央和习近平总书记的重要议事日程"，《人民日报》开启了新一轮的黄河政策报道。《人民日报》围绕习近平总书记重要讲话精神，从中央到地方，从农业到经济，多层次、全方位报道全国黄河政策的发布与落实。

紧接着，《人民日报》在2020年5月11日第15版生态版发表文章《四部门联合发布方案 黄河全流域试点横向生态补偿机制》，财政部、生态环境部、水利部和国家林草局4部门联合发布《支持引导黄河全流域建立横向生态补偿机制试点实施方案》，探索建立黄河全流域横向生态补偿标准核算体系、完善目标考核体系、改进补偿资金分配办法、规范补偿资金使用。

2020年6月18日全国"两会"期间《人民日报》在第18版民主政治版，发表了文章《聚焦"保护黄河"》，从生态、文化以及黄河保护等多个方面，将代表、委员们关于黄河的建议、提案制作成专栏，并配发了编者按，说明《人民日报》对黄河政策引导、发展的重视程度较高。同年9月24日第18版民主政治版发表文章《让黄河成为造福人民的幸福河》，同样利用专题的方式介绍了过去一年来，为进一步推进黄河流域生态保护和高质量发展，内蒙古自治区人大常委会、陕西省人大常委会、河南省人大常委会履行监督职能，推动地方立法，强化执法检查，发挥了应有的作用，并配发了编者按，说明《人民日报》对中央政策下达、地方落实政策的关注程度较高。

二 全方位的《黄河保护法》立法报道

在黄河立法报道上，《人民日报》继承了 21 世纪以来的黄河法制报道模式，并加大了报道力度。《人民日报》关注黄河保护立法，对《黄河保护法》的诞生过程进行了全方位的追踪与报道（见表 5-2）。

表 5-2 《黄河保护法》报道数量统计

时间	版面	标题
2021 年 12 月 21 日	第 4 版 要闻	《十三届全国人大常委会第三十二次会议在京举行 审议地方各级人民代表大会和地方各级人民政府组织法修正草案、噪声污染防治法草案、黄河保护法草案等 栗战书主持》
2021 年 4 月 15 日	第 3 版 要闻	《栗战书主持召开黄河保护立法座谈会强调 凝聚立法共识 加快立法进程 制定保护黄河的良法 促进发展的善法 造福人民的好法》
2022 年 8 月 29 日	第 1 版 要闻	《栗战书在甘肃就黄河保护法立法进行调研时强调 贯彻落实习近平生态文明思想 在法治轨道上推进黄河保护》
2022 年 10 月 31 日	第 1 版 要闻	《十三届全国人大常委会第三十七次会议在京闭幕 表决通过新修订的妇女权益保障法、黄河保护法等 决定任命陈一新为国家安全部部长 习近平签署主席令 栗战书主持会议》
2022 年 12 月 1 日	第 16 版 文件	《中华人民共和国黄河保护法》（2022 年 10 月 30 日第十三届全国人民代表大会常务委员会第三十七次会议通过）
2023 年 4 月 3 日	第 14 版 生态	《河南一例适用黄河保护法惩处破坏黄河矿产资源犯罪案宣判》
2023 年 4 月 14 日	第 7 版 要闻	《以有力法律监督保障黄河保护法统一正确实施》

黄河是中华民族的母亲河，保护黄河是事关中华民族伟大复兴和永续发展的千秋大计。以习近平同志为核心的党中央高度重视保护黄河立法工作。这部江河流域保护标志性法律的出台，为在法治轨道上推进黄河流域生态保护和高质量发展提供了有力保障。

2023年4月1日，《中华人民共和国黄河保护法》（简称《黄河保护法》）施行。此后《人民日报》就具体实施情况进行了报道。除了报道《黄河保护法》立法过程以及实施过程外，《人民日报》就黄河的其他立法、司法过程也进行了报道。在《黄河保护法》出台的前后，《人民日报》重视黄河立法的预热和宣传工作，2023年1月11日第14版报道《兰州出台黄河文化保护办法》、2023年3月22日第16版报道《强化依法治水 携手共护母亲河》、2023年6月30日第10版报道《为黄河生态筑牢司法保护屏障》（法治聚焦），都体现了《人民日报》对于黄河立法工作的重视。

护佑黄河安澜，必须依靠制度、依靠法治，用制度和法治力量守护好"母亲河"。从《人民日报》的报道中能够看到，《人民日报》作为中共中央机关报积极报道黄河政策与黄河流域各省份积极贯彻落实习近平总书记重要讲话精神，共同抓好大保护，协同推进大治理，同时追踪报道黄河立法的过程，这说明《人民日报》关于黄河的法制报道逐步正规化，黄河政策报道也更加全面化。

第六章
党报视角下黄河形象的变迁与发展

第一节 黄河形象的变迁

一 时间逻辑下黄河形象的变迁

从时间上看，黄河形象的建构从具体意象层面逐渐拓展至抽象层面。根据不同时期的政治诉求，党报建构的黄河形象，从一条"母亲河"逐渐成为"战斗堡垒""资源黄河""幸福河"，呈现出一贯性与先进性。

《人民日报》最初对黄河形象的建构是基于黄河固有特征进行的。1948年创刊之后到新中国成立这段时间，《人民日报》黄河报道主要是围绕着防灾、救灾进行的，例如1948年7月的《黄河大汛已临 蒋匪疯狂破坏 数百万人民面临危境》《中共中央发言人呼吁各方 紧急援助黄河抢险 国民党政府军队如不停止破坏 将对一切灾难后果负完全责任》，10月的《黄河水位猛涨 高村险工再度告急》，1949年6月的《加

第六章　党报视角下黄河形象的变迁与发展

强领导统一治黄 黄河水利委员会成立 确定当前方针以防汛为主》。通过标题能鲜明地看到，文章虽然从黄河救灾防灾的角度出发，但并未停留在就事论事的阶段，而是进一步通过处理阶级矛盾提升了整个中华民族的团结程度。同时黄河是军事要塞，处于重要地理位置，《人民日报》针对黄河的军事类报道也相对较多，如《中共中央电贺 郑州开封解放 郑州黄河间歼敌万余》《从黄河到长江车船川流不息 日日夜夜紧张运输 第三野战军后勤人员努力完成任务》。"冀鲁豫黄河南岸（即山东省西南部），从解放战争以来，经常是敌我剧烈斗争的大战场。最近半年，经历敌人四次'进攻''扫荡'，河南党政军民全体同志与广大群众艰苦奋斗，终于坚持了地区，保卫了群众利益，有力的配合了主力作战，取得伟大胜利……虽经敌不断扫射轰炸，我河南军民及黄委会同志不顾一切困难和危险与敌展开护黄斗争"①，从中可以看出，黄河被塑造成了"战斗堡垒"。

与国民党报纸相比，《人民日报》建构的黄河形象体现出了坚定的正面性。"2月，花园口堵口复堤工程局在郑州花园口正式成立。""3月3日，黄河水利委员会委员长兼堵复局局长赵守钰求见正在新乡执行军事调处任务的'三人小组'中共代表周恩来、美国代表马歇尔、国民党代表张治中，商谈黄河堵口复堤问题。"② "4月8日，黄河水利委员会赵守钰、孔令瑢、陶述曾和联总塔德、范明德（加拿大人）等9人，会同解放区代表赵明甫、成润等，由开封出发

---

① 《冀鲁豫黄河以南 半年来对敌斗争情况》，《人民日报》1948年10月17日，第2版。
② 黄河水利委员会黄河志总编辑室编《黄河大事记》，黄河水利出版社，2002，第204页。

对下游故道进行联合查勘，历时 8 天，共查勘 17 县，直到入海口。往返约 1000 公里，15 日返抵菏泽。冀鲁豫边区行署主任段君毅、副主任贾心斋、秘书长罗士高等同赵守钰、陶述曾等协商后达成《菏泽协议》。其主要内容为：复堤、整险、浚河、裁弯取直等工程完成以后再行合龙放水。河床内村庄迁移救济问题，由黄河水利委员会呈请行政院拨发迁移费，并请联总拨发救济费。"① "达成《菏泽协议》后，国民政府强调堵又而不提复堤"②，"国民党《中央日报》上称'（黄河）倘秋汛期不完成堵复全部工程，政府方面实不能负其全责.'"③ "5 月 10 日，中共中央发言人发表谈话，指出：黄河改道 8 年，千里堤坝破败不堪，决非几个月所能修复，国民党当局违背先复堤、浚河后堵又放水的协定，坚持两个月内在花园口合龙放水，这只是借治河为名，蓄意水淹冀鲁豫三省同胞，如果国民党当局一意孤行，人民将采取自卫措施。要求国内外人士主持正义，制止国民党花园口堵口，彻底执行《菏泽协议》。"④ 从国民党的行为来看，黄河成为造成群众生活不便，甚至是危害群众生命的存在。相比之下，《人民日报》建构的黄河形象是正面且坚定的，无论是作为重要地理位置的"战斗堡垒"，还是作为被治理对象成为民族团结的象征，黄河始终呈现正面形象。这也为后期持续建构

---

① 黄河水利委员会黄河志总编辑室编《黄河大事记》，黄河水利出版社，2002，第 205 页。
② 黄河水利委员会黄河志总编辑室编《黄河大事记》，黄河水利出版社，2002，第 206 页。
③ 王贞勤：《蒋介石的"黄河战略"破产始末》，《黄河黄土黄种人》2018 年第 6 期。
④ 黄河水利委员会黄河志总编辑室编《黄河大事记》，黄河水利出版社，2002，第 206 页。

黄河形象奠定了坚实的基础，无论是改革开放时期的资源奉献还是当前的幸福黄河，这种正面性和一致性一直存在于《人民日报》建构的黄河形象中。

新中国成立后，黄河一直以发展的形象示人，并且成为阶级斗争中的重要依托。《人民日报》依托黄河发展，反映群众对国家发展的渴望，促使群众更好地支持国家重工业的发展。1958年，"跨黄河"成为粮食产量的重要标识，从"跨黄河"出现次数的角度来看，《人民日报》使黄河成为家喻户晓的"重要标志"，进一步建构了黄河的正面形象。从1958年到改革开放之前，黄河的抽象意象逐渐形成，黄河的象征性逐渐增强。在各项外交活动中黄河成为中华民族的重要表征，诸多关于黄河的文化报道塑造出黄河积极向上的革命形象。黄河作为中华民族的母亲河，其波澜壮阔、奔腾不息的气势，象征着中华民族坚韧不拔、自强不息的精神。黄河文化是中华文明的重要组成部分，它培育出中华民族恢宏的气度、博大的情怀和包容宽厚的民族品性与精神品格。

改革开放后，随着区域经济发展和黄河流域经济合作的进步，黄河开始以"经济区""经济带"的形象出现，经济、开发、发展、资源成为新的关键词，体现了党和政府在经济发展的宏观视野中进行黄河治理的清晰思路。从各种水利工程的修建到上游水利、中游煤炭、下游石油开发，再到黄河三角洲的全面开发，《人民日报》的报道从资源黄河的角度出发，使黄河的经济价值得到了全面展现，资源黄河成为发展黄河的另一种表述。同时黄河开发思想也有了进一步的变化。1999年6月24日，江泽民同志来到位于黄河三角洲的东营市，分别考察了黄河入海口、胜利油田、孤东油田和东营的市政建设,指出"要把经济建设、生态建设和社会发展结合起来,实现可持续发展"①。从改革开放之前以治理和防洪为主,到改革开放后以开发和建设为主,再到后期以可持续发展为主,《人民日报》黄河开发报道的思想也在不断变化。从文章标题也能清晰地看到这种报道思想的变化,如1985年《黄河上游四电站发电超千亿度》、1990年《昔日盐碱滩 今朝变绿洲 黄河三角洲农业开发进展快》、2000年的《黄河三角洲建立国家生态经济示范区》,《人民日报》中黄河开发报道的主体思想朝着合理性、综合性、关联性的方向发展。改革开放后,黄河形象进一步丰富和发展,反映时代语境变迁。黄河的经济发展和资源利用,与改革开放和社会主义现代化建设具有相辅相成的作用,黄河发展既是改革开放的结果和见证,也是改革开放的保障。

2013年到2019年的黄河报道,《人民日报》以可持续发展为导向,注重生态保护,因此报道主题多维。从湿地河流保护到动植物保护等,《人民日报》着力报道黄河沿岸群众为黄河生态做出的贡献;在报道贡献的基础上,《人民日报》也不断报道取得的成绩,使黄河可持续发展更加具象化。2019年9月20日,《人民日报》第1版报道《习近平在河南主持召开黄河流域生态保护和高质量发展座谈会时强调 共同抓好大保护协同推进大治理 让黄河成为造福人民的幸福河 韩正出席并讲话》,要求"共同抓好大保护,协同推进大治理,着力加强生态保护治理、保障黄河长治久安、促进全流域高质量发展、

---

① 王雷鸣:《风起潮涌黄河口——山东省东营市加快黄河三角洲建设和发展纪实》,《人民日报》2000年7月3日,第2版。

改善人民群众生活、保护传承弘扬黄河文化,让黄河成为造福人民的幸福河"。此后,《人民日报》报道不仅继承了2019年之前黄河生态环境持续性保护的议题,同时关注经济议题,"今天添绿,明天添财","努力实现经济发展和生态环境保护共赢",努力推动形成生态和经济共赢的局面。2019年以来《人民日报》对生态环境保护、黄河长治久安、水资源节约集约利用、流域高质量发展、保护传承弘扬黄河文化五大目标任务作集成式报道,极大丰富了黄河保护治理工作的内涵和外延。历史和实践证明,只有坚持系统观念,"跳出黄河看黄河",才能"把黄河的事情办好",才能"让黄河成为造福人民的幸福河"。治黄70多年,党和政府实现了由被动治理向主动治理的转变,《人民日报》通过记录生动实践,挖掘鲜活故事,逐渐建构出流域生态保护与高质量发展并存的"幸福河"形象。

一提到黄河,相信大多数人会想到"母亲河"。黄河哺育了一代又一代的中华儿女。它用博大的心胸包容万物,并用顽强拼搏的气魄教会中华民族永不认输、团结奋斗。在人民日报图文数据库中以"母亲河"作为关键词进行搜索,从《人民日报》成为党的机关报一直到2023年底,共搜索出2029条数据。事实上,"母亲河"并非黄河独有的形象,在《人民日报》报道中,有大量文章使用"母亲河"来形容黄河与长江等一系列河流,例如,"中华民族世世代代在长江、黄河流域繁衍发展,一直走到今天"[1]。在此基础上,以"黄河"为关键词进行进一步搜索,搜索结果共计752条,除去重复内容以

---

[1] 王浩、李晓晴:《水利高质量发展迈出坚实步伐》(奋进新征程 建功新时代·伟大变革),《人民日报》2022年6月9日,第10版。

及不相关内容，最终有 592 篇文章与黄河相关（见表 6-1、图 6-1）。整体来看，相较于其他河流，将黄河单独作为"母亲河"进行描写的文章还是偏多的。

表 6-1 黄河"母亲河"报道数量（1989—2023 年）

单位：篇

年份	1989	1990	1991	1992	1993	1994	1995	1996	1997	1998
数量	1	1	2	4	3	6	6	17	13	18
年份	1999	2000	2001	2002	2003	2004	2005	2006	2007	2008
数量	43	36	16	12	18	22	15	10	13	6
年份	2009	2010	2011	2012	2013	2014	2015	2016	2017	2018
数量	8	9	12	10	8	14	11	17	16	19
年份	2019	2020	2021	2022	2023					
数量	32	41	33	57	43					

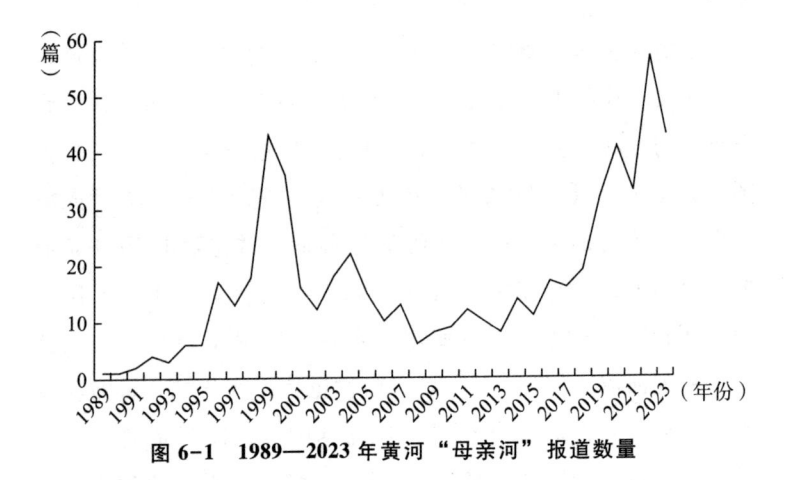

图 6-1 1989—2023 年黄河"母亲河"报道数量

《人民日报》用"母亲河"来修饰黄河，最早出现在 1989 年 9 月 5 日第 2 版的《好儿女年年治黄 "母亲河"岁岁安澜 黄河在新中国实现巨变》中。从 1989 年到 2023 年，《人民日报》关于黄河"母亲河"的报道在数量上出现了两个小高峰，一个出现在1999—2000年，这是由于江泽民同志在1999年6月17日至24日考察黄河，从黄河中游的壶口开始，经三门峡，过洛阳，到郑州，下开封，赴济南，最后抵达东营的黄河入海口。《人民日报》就考察内容以及江泽民同志对黄河治理开发的要求进行了报道，并在之后的年份里持续关注黄河，对黄河发展进行了大规模的报道，其中就夹杂着大量关于"母亲河"的表述，"黄河，中华民族的母亲河。历经160万年的沧桑巨变，今天在中国共产党的领导下，经过两岸人民的艰苦奋斗，不懈努力，她一定会焕发青春，为中华民族造福"①。另一个高峰期则存在于2019年到2023年。2019年9月18日中共中央总书记、国家主席、中央军委主席习近平在郑州主持召开黄河流域生态保护和高质量发展座谈会并发表重要讲话。此后《人民日报》就黄河流域生态保护和高质量发展进行全面的报道的同时，也进一步对黄河"母亲河"的形象进行了建构。

在《人民日报》的报道中，"母亲河"的表述一般出现在一些带有抒情意味的文章中，这些抒情作品的内容以保护黄河、呼吁群众保护黄河为主，"目前黄河兰州段正遭受着生活污水、工业废水、生活垃圾等多种污染。让母亲河远离污染困扰，已刻不容缓"②；或是对黄河发出感慨，"十五个春秋随中华民族的母亲河东逝"③"一个喝黄河水长大的青年人，怀着

---

① 何平、刘思扬、杨振武等：《让黄河为中华民族造福——江泽民总书记考察黄河纪行》，《人民日报》1999年6月25日，第1版。
② 图片新闻，参见《人民日报》2000年11月29日，第5版。
③ 朱న华：《壮丽的世纪乐章（共和国之庆征文）——任建新的蓝星之梦》，《人民日报》1999年7月29日，第12版。

对母亲河、黄土地的依依眷恋"①；在寄托哀思时，黄河作为"母亲河"有着其他河流所没有的代表性和象征性，"5月20日，银川市各族、各界青少年在黄河岸边抛撒鲜花，寄托对汶川大地震遇难同胞的哀思。当日，共青团宁夏区委组织各族、各界青少年在母亲河黄河岸边默哀、抛撒花朵，以寄托对汶川大地震遇难同胞的哀思之情。"② 因此，在行文过程中，"母亲河"的形象与黄河是怎么样养育中华儿女并没有很强的关联性，"母亲河"的表述更多的是用来抒发作者的感情，也就是说，在《人民日报》的报道中关于"母亲河"的表述与黄河带给群众的利好一般情况下不会同时出现，那么《人民日报》是如何建构起黄河"母亲河"的形象呢？

首先是从历史的角度，"黄河是中华民族的母亲河。黄河流域，历史上同幼发拉底河和底格里斯河流域、尼罗河流域、恒河流域齐名，是世界上著名的四大文明古国的发祥地之一。远古时期，这里气候湿润，水源丰富，土地肥沃，是我国经济文化发展最早的一个地区。早在远古时代，轩辕黄帝和他的沿黄部落就在这里开始创造中华文明。"③ 黄河流域是华夏文明的发祥地之一，承载着丰富的历史文化遗产，孕育了众多古代文明，如仰韶文化、龙山文化等，这些文化对中华文明的发展产生了深远影响。春秋战国时期，各诸侯国主要争霸的舞台也是在中原地区，即黄河中下游一带，黄河流域的文化也在这一

---

① 图片新闻，参见《人民日报》1999年7月23日，第10版。
② 王鹏、李舸、查春明等：《5月20日：全国哀悼日第二天 举国同悲 共渡难关 风雨同舟 众志成城——全国各地继续悼念四川汶川大地震罹难者》，《人民日报》2008年5月21日，第10版。
③ 何平、刘思扬、杨振武等：《让黄河为中华民族造福——江泽民总书记考察黄河纪行》，《人民日报》1999年6月25日，第1版。

时期达到一个历史的高峰。在魏晋南北朝时期，北有游牧民族，南有长江文化，但黄河以她博大的胸怀，接纳了两种不同的文化形态，并将之逐渐融入中原文化之中。从隋到北宋甚至到明清时期，大量王朝的都城位于黄河流域，黄河流域更是空前发展，无论是经济、航运、生产，还是文学、艺术，都表现出鼎盛之姿。在近代，特别是战争时期，《人民日报》笔下的黄河成为抵御敌人、保护中国人民的战斗堡垒。21世纪以来，根据黄河悠久的历史，《人民日报》不断挖掘和报道黄河历史文化，从历史角度证明几千年来黄河与中华民族同呼吸共命运。在这里黄河就像母亲一样保护着中华民族，兼收并蓄，包容万象。

当然，从地理位置的角度来看，黄河也是当之无愧的"母亲河"，黄河是中国的第二长河，全长5000多公里，流域面积75万平方公里。发源于青藏高原巴颜喀拉山北麓的约古宗列盆地，自西向东流经青海、四川、甘肃、宁夏、内蒙古、山西、陕西、河南及山东9个省区，最终注入渤海。它不仅是中国的自然地理分界线，还在历史上形成了广阔的冲积平原，如华北平原，为北方省份的发展、为中华民族的繁衍提供了广阔的生存空间。因此在《人民日报》的报道中，黄河为这些省份的发展提供各方面的支撑，黄河的发展与灾难和多个省份有着密切关系。"母亲河"不论大小，不论贫贱，哺育着她的孩子们。同时由于黄河的"牵一发而动全身"的整体性，《人民日报》也通过黄河报道将这些省份联系起来，加强了上中下游、黄河两岸不同省份之间的交流。

其次，黄河流域拥有丰富的资源和生态系统。这些湿地、河流、湖泊等多种生态系统为众多物种提供了栖息地和繁殖场所，维护了生物多样性。黄河在上游的青海、四川已经汇聚大量水量，到达兰州时，水量已占黄河总水量的70%，也就是说，黄河的水量大部分是在兰州以上区域汇集的。兰州以下河段，宁夏、内蒙古等地，基本不产水，是用水区，而到了黄土高原的陕西和山西河段，虽然有一些支流给黄河带来一些水量，但是其带来的更多是泥沙，而且这两个省也大量引用黄河水。到了下游的河南和山东，黄河约40%的水都给了这两个省，所以鲁、豫两省是典型的"用水大户"。自古以来，黄河沿岸的居民就利用黄河水进行灌溉，种植农作物，形成了繁荣的农业经济区。在北方，黄河犹如母亲一般"滋养"了大部分省份，起到了重要的支撑作用。再加上黄河流域的黄土地多属马兰黄土，肥沃、疏松、易耕且具有自然肥效，可以说无论是水资源还是土地资源，都是黄河的厚赐。因此，黄河用她丰富的资源，为沿岸地区的农业生产提供了重要的灌溉与耕作条件，在距今七八千年的东亚地区，黄河流域就孕育出以粟、黍为主的旱作农业。黄河的灌溉作用不仅促进了农业生产的发展，也推动了沿岸地区的经济繁荣。同时，黄河水资源也支撑沿岸地区的渔业、林业等产业的发展，为形成、建成黄河经济带奠定基础。而各项黄河水利工程的建设，使黄河能够被深层次地开发和利用。改革开放之后，在开发治理的过程中，黄河灾害逐渐减少，《人民日报》注重报道黄河农业生产的同时，也倾向于报道黄河工程建设等黄河发展主题——从石油、煤炭等资源的开发，到黄河沿岸旅游经济的发展，再到当前经济与生态协同发展。尽管在经济发展、资源开发的过程中，由于观念的变化以及人们的破坏，黄河出现了一系列问题，但在《人民日报》的笔下，黄河始终像一位母亲一样无私奉献着，

第六章 党报视角下黄河形象的变迁与发展

不求任何回报。

最后,黄河对凝聚民族精神有着重要意义。黄河文化是中华民族文化的重要组成部分,有着丰富的文化内涵,对于传承和弘扬中华民族精神具有不可替代的作用。黄河流域是一个多元文化交汇的地区,不同民族、不同文化在这里相互融合、相互影响。黄河的包容性使得各种文化元素在这里生根发芽、繁荣发展,形成了独具特色的黄河文化。这种包容并蓄的品质,体现了中华民族开放包容、兼收并蓄的文化传统。《人民日报》就黄河多民族问题进行了多次报道,对促进民族融合、形成中华民族共同体有着重要意义。从1992年起,《人民日报》开始关注黄河多民族问题,为黄河"母亲河"的形象增添了民族色彩。1992年12月27日,《人民日报》报道《为了黄河流域的振兴》,"这两件大事,就是为黄河上游多民族经济开发区和黄河三角洲开发区再助一臂之力,以带动整个黄河流域的振兴";1995年6月的《自强不息的黄河文化》中,"融会多民族地方文化而形成的黄河文化是中华民族文化的主体,是人类文明的非凡创造,她不仅贡献给世界以辉煌灿烂的文化成果,而且也缔造了中华民族坚韧不拔、百折不回、自强不息、厚德载物的民族秉性与民族精神"[①];1996年11月《草地深处"团结族"》中也使用黄河"母亲河"的形象来促进民族融合,"阿坝全境分属中华民族的母亲河——黄河、长江流域。黄河支流黑河、白河、嘎曲河由南向北注入黄河……生活在这块神奇美丽的土地上的各族人民,不正像奔流不息的河水汇入长江、黄河那

---

① 李淑芹:《自强不息的黄河文化》,《人民日报》1995年6月29日,第10版。

样,融入中华民族这个亲密温暖的大家庭吗?"① 这些表达都进一步增强了"母亲河"与多民族之间的联系,使养育多民族的黄河以母亲的形象成为联结多民族的重要纽带。黄河在中华民族历史上的重要地位也进一步凝聚了民族精神。黄河沿岸的许多地方是中华民族的重要发祥地和革命根据地,这些地方的人们在长期的历史进程中形成了共同的价值观念和精神风貌。这些共同的文化特征和精神特质使得中华儿女在面对外部侵略和内部危机时能够团结一心、共同抵御,展现出强大的民族凝聚力和战斗力。《人民日报》的报道也经常将黄河作为优秀品质的代名词,让发生在黄河沿岸的事情和成长在黄河沿岸的典型人物具有和黄河同样的品质,而在这一过程中,典型事迹特别是典型人物的美好品质也能进一步提升黄河作为"母亲河"的包容性。黄河的保护和治理是中华儿女共同的责任和使命,全民族参与保护与治理的过程进一步凝聚了民族精神。黄河一直面临着严重的水资源短缺、水土流失和生态环境恶化等问题,这些问题的解决需要全社会共同努力和协作。在保护和治理黄河的过程中,人们需要发扬团结互助、无私奉献的精神,共同为黄河的生态环境改善和可持续发展贡献力量。在《人民日报》的黄河报道中,"母亲河"一词经常会出现在关于治理水土、环境保护的文章中,"于 1999 年 1 月正式启动的保护母亲河行动由保护母亲河宣传教育活动、保护母亲河工程、保护母亲河基金三部分组成。旨在向全社会倡导和树立绿色文明意识、生态环境意识和可持续发展意识,为母亲河更好地造福人类和促进全

---

① 贾永、周志方、周笑浪:《草地深处"团结族"》(追寻地球上的红飘带 纪念红军长征胜利 60 周年),《人民日报》1996 年 11 月 4 日,第 3 版。

球生态平衡作贡献"①,"3月9日是第二个'保护母亲河日',全国各地近百万青少年纷纷以环保行动为母亲河奉献赤子情"②,"中国电信以捐献200万元的实际行动支持保护母亲河行动,这是保护母亲河行动实施以来接受的最大一笔国内企业捐赠"③,"黄沙飞扑的兰州大砂沟3月31日迎来了绿色的使者。1000多名解放军官兵在这里启动了'解放军保护母亲河青年万亩林'绿化工程"④,这些事件虽然并未发生在黄河边,但不同职业、不同年龄的中国人,使用各种各样的方式来保护"母亲河",这种共同的责任和使命进一步增强了中华民族的凝聚力和向心力,也使人们加深了黄河是中华民族的"母亲河"的印象,为中华民族的发展提供精神动力。

"曾几何时,黄河由于自然灾害频发,特别是水害严重,'三年两决口、百年一改道',给沿岸百姓带来深重灾难。长期以来,中华民族为了黄河安澜进行了不屈不挠的斗争。"⑤黄河灾害一直是围绕黄河的一个重要话题,也是贯穿《人民日报》黄河报道过程的一个重要话题,不论黄河的报道思想如何变化,黄河灾害始终是《人民日报》黄河报道的重要关注点。黄河历史上曾多次发生洪水等自然灾害,给沿岸民众带

---

① 唐维红:《保护母亲河行动造林9万亩 内蒙古营建海外赤子报国林活动启动》,《人民日报》2000年11月9日,第3版。
② 胡果:《百万青少年参加"保护母亲河日"环保行动》,《人民日报》2003年3月10日,第2版。
③ 原国锋:《中国电信捐200万建万亩防护林》,《人民日报》2000年10月25日,第2版。
④ 《解放军保护母亲河青年万亩林工程启动》(新闻简报),《人民日报》2000年4月2日,第1版。
⑤ 杜尚泽、马跃峰、张晓松等:《创作新时代的黄河大合唱——记习近平总书记考察调研并主持召开黄河流域生态保护和高质量发展座谈会》,《人民日报》2019年9月20日,第1版。

来深重的灾难,这似乎和"母亲河"的形象形成了对抗。然而,在《人民日报》笔下,中华儿女在与黄河洪水的斗争中,展现出不屈不挠的抗争精神和团结协作的力量。这种精神和力量不仅体现了中华民族的坚强意志,也促进了民族精神的升华和凝聚。近年来,黄河灾害报道虽然形成了细节化、常态化的报道方式,但《人民日报》更多采用温情化报道,使万众一心、众志成城抗击黄河灾害成为凝聚中华民族精神的重要方式。《人民日报》多年来对于黄河治理的报道,使受众了解到通过修建水库、堤防等水利工程,黄河的洪水灾害已经被有效地控制,对沿岸人民的生命财产安全威胁越来越小。所以,经过多年的报道,《人民日报》逐渐改变了人们心目中黄河"灾河"的形象,黄河灾害报道虽然存在,但并未与黄河本身"母亲河"的形象形成冲突。

而这样一种对黄河"母亲河"的情感,是只有中华儿女才能够体会到的特有的情感,是他者视角无法理解的情感。上文提到"母亲河"一词并不是单纯用来形容黄河,还包括长江、淮河、塔里木河等,在国际上,母亲河也可以代表俄罗斯的伏尔加河,等等,"母亲河"可以说是人类共同的情感寄托,所以"母亲河"一词也更多地出现在抒发情感的作品中。因此,《人民日报》并没有对黄河"母亲河"的形象进行任何的定义,归根结底,黄河"母亲河"的形象是通过隐喻的表达,而不是具体的表述得以呈现的。隐喻性的概念系统规定着人们如何感知、思考与行动,但是概念系统本身人们是感受不到的,其主要是通过语言显露出来。① 这样一个概念系统体现

---

① 熊伟:《跨文化传播的话语偏见研究:批评性话语分析路径》,武汉大学博士学位论文,2010。

第六章 党报视角下黄河形象的变迁与发展

在每一个人物的叙述、每一个事件的表达中，体现在个人与群体对民族情感的理解上，例如，体现在一次又一次关于黄河洪水抢险救灾的报道中，体现在艰难但持续不断地治理与开发黄河历程中，而只有经历过同样的事件、阅读过同样的文章的中华民族的儿女，才能形成对黄河"母亲河"的独特理解。历史事件沉淀出来的特定群体记忆是他者视角难以感知的，没有在教育和媒介引导下形成关于黄河独特集体记忆的他者，是无法理解中华民族看待黄河、看待黄河报道的情感的，是没有阐释本土文化的能力的，因此中华民族看待"母亲河"时，更多地彰显黄河精神对中华民族的振奋作用，而他者视角则只能从宽泛的角度去解释"母亲河"。

黄河作为中华民族的母亲河，其波澜壮阔、奔腾不息的气势，象征着中华民族坚韧不拔、自强不息的精神，它培育出了中华民族恢宏的气度、博大的情怀和包容宽厚的民族品性和精神品格。黄河孕育了华夏文明，见证了历史的变迁，一路向东，最终入海。黄河不仅滋养了广袤的土地，更孕育了无数中华优秀儿女。黄河，是历史的回响，是文化的传承，是民族的骄傲。在《人民日报》的报道中，黄河作为中华民族的共同家园，其流域内的各族人民在历史长河中相互交融、共同发展，形成了多元一体的中华民族大家庭。黄河的治理和开发，也一直是国家的重要任务，虽然黄河的报道理念在不断变化，但报道内核不变，集中体现了中华民族团结奋斗、踔厉奋发的民族精神。从历史文化的角度看，黄河是中华民族的象征；从经济发展的角度看，黄河为民族发展提供丰富的资源；从民族团结的角度看，黄河凝聚了民族精神。黄河给予了中华民族太多物质和精神上的支持，是当之无愧的"母亲河"。

二 空间逻辑下黄河形象的变迁

从范围上看,党报中的黄河相关报道内容覆盖面较广,涵盖从农业到工业、从群众到军队方方面面,建构出不同方面的黄河形象,呈现出黄河问题的复杂性与谋求永续发展的科学性。

(一) 政治上的意识觉醒

《人民日报》黄河报道的范围非常广,不同时期的主要报道主题不同。1948年到1957年,《人民日报》对黄河问题的首要关注点是黄河灾害的发生、预警、治理。在这十年的黄河报道中,数量最多的是防灾预警与灾后总结,说明《人民日报》从未忽视黄河本身的防灾救灾工作;在全面治理黄河的主线中,穿插着党和政府以及人民群众抢险救灾等主题。在报道防灾救灾过程中,《人民日报》将黄河问题和阶级矛盾相结合,"高村十二坝以上险工本已为我修竣,七月四日,十三、十四两坝又发生危险,而美援蒋机竟趁火打劫,于七日起,日夜狂炸各该险工,多至每夜连续轰炸十五次,死伤抢修员工及当地群众共达一百五十余人,我抢修大船三只,也遭炸沉"①,这类报道突出了防灾救灾的政治意义,促进群众政治意识的觉醒。抢险救灾、防灾预警文章以事实为基底,体现了中共中央治理黄河的主要方向;同时,以群众为指引,反映人民情感与思想,彰显了《人民日报》的人民性。防灾救灾问题在《人民日报》后续报道中也占据了重要位置,排在黄河工程主题之后。2000年之后,由于黄河治理水平不断提升,黄河防汛

---

① 《黄河大汛已临 蒋匪疯狂破坏 数百万人民面临危境》,《人民日报》1948年7月23日,第1版。

救灾的报道相对减少，但灾害预警依旧是《人民日报》时刻关注的话题。《人民日报》关于黄河救灾防汛的报道几乎年年都有，但《人民日报》并未像国民党媒体那样塑造出黄河的"灾河"形象，也并未将黄河置于党和人民的对立面，事实上，黄河作为被治理对象，治理过程加强了民族内部的团结，在一定程度上强化了群众的政治意识，促进了群众在政治上的觉醒。

（二）经济上的开发建设

黄河灾害逐渐减少离不开黄河工程的科学建设与投入使用，而黄河工程的建设以及黄河资源的开发为国家经济建设奠定了坚实的基础。1955年7月18日，第一届全国人民代表大会第二次会议上，邓子恢副总理代表国务院作了《关于根治黄河水害和开发黄河水利的综合规划的报告》，报告提出了"根治黄河水害，开发黄河水利"的治黄任务。根据这一要求《人民日报》也加大了对黄河工程的报道力度。新中国成立初期的黄河工程以勘察为主，大量调查团深入黄河各段调查水利情况，实时更新黄河动态。随着改革开放以及中国经济的飞速发展，黄河大批工程进入全面利用阶段。开发黄河本身的丰富资源成为黄河发展的重要标志。《人民日报》从1957年黄河干流上第一座控制性工程——三门峡水利枢纽开工建设开始，就对黄河上游水电、中游煤炭、下游石油开发给经济发展带来的巨大优势进行了全面的报道。解决黄河沿岸群众的生活问题，建设富饶的农林牧综合发展的农业基地带作为开发治理黄河的重要成绩，也被《人民日报》重点关注。到了21世纪，大量黄河水利工程投入使用，因此《人民日报》黄河工程报道数量逐渐减少。相应的，黄河工程带来的利好以及黄河资源开发成为重要报道主题，2000年到2012年，黄河资源开发文章数量占了总数量的25%。2013年到2023年，开发和发展的文章数量占据了总数量的37%。黄河开发视角在原来的生态、农业、经济等基础上，更加细化，也更加多样化，从早期的只针对水利工程的开发，逐渐发展到关注生态利用与农业发展。在报道黄河开发的过程中，《人民日报》的报道方向也在不断转变，从1978年到2023年，《人民日报》关于黄河开发的报道核心不断变化，从黄河资源的全面开发，到形成和传播黄河可持续发展理念，再到当前坚持黄河流域生态保护和高质量发展并重。黄河开发是新中国成立以来黄河治理的重要底层逻辑，在黄河开发逻辑下，防洪防汛、生态保护、经济发展、资源开发综合作用，助力黄河正面形象的塑造。

（三）文化上的民族传承

2019年9月18日，习近平总书记在黄河流域生态保护和高质量发展座谈会上明确指出："黄河文化是中华文明的重要组成部分，是中华民族的根和魂。"① 多年来，《人民日报》集中建构黄河文化形象的厚重感。相较于政治报道和经济报道，《人民日报》黄河文化报道出现的时间较晚。《人民日报》对大量文艺作品的报道，从侧面建构了黄河的文化形象，"黄河"一词逐渐在国内外成为中华民族的重要代名词。改革开放后，《人民日报》持续刊登大量与黄河文艺作品有关的文章，这些文章均以黄河为背景，阐述民族精神和历史发展，将文艺作品的背景放在黄河上，不仅可以为作品提供深厚的历史

---

① 习近平：《在黄河流域生态保护和高质量发展座谈会上的讲话》，《求是》2019年第20期。

背景，而且能增加黄河本身的历史厚重感。同时，《人民日报》也在不断丰富黄河的历史底蕴，将黄河作为参照物证明中华民族历史、文化悠久的同时，又将其视为中华民族悠久历史与不屈精神的见证者。但21世纪之前，《人民日报》文化报道中的黄河是缺乏主体性的，文化底蕴和历史厚重感虽然在不断增加，但都是借助其他客体来实现的，相关报道并未将黄河作为表述主题。21世纪之后，以黄河为主题的报道以及文艺作品不断增加，黄河主体性不断增强的同时，黄河本身的历史感与象征性在治理黄河多年后有了较为明确的指向，这为黄河能够代表中华民族以及彰显民族精神奠定了深厚的历史基础。

第二节　黄河报道议题的变化

黄河的表征性，是在媒体选择、调遣符号系统对黄河进行报道的过程之中形成的，是在将社会实体转化为媒体报道中的符号的过程中形成的，黄河的表征性反映了客观世界与符号世界的重要关系。

从《人民日报》中能够看到，黄河报道的核心元素是黄河与社会，黄河相关的媒介记忆围绕着这两大元素，建构起一个稳定且有序的表征体系。对黄河形象的建构，主要包括对黄河本体以及黄河内涵的建构。黄河本体建构主要借助对黄河隐患、黄河资源的报道，图片报道是最常见的黄河本体建构形式；而黄河内涵建构主要通过对黄河历史的挖掘以及一些关于黄河民族性代表的报道。黄河本体与内涵的符号建构，主要策略是并置，即《人民日报》会对黄河本体与黄河内涵分别进行报道,虽然建构的黄河形象是相似的,但在报道中很少呈现黄河本体报道与黄河内涵报道同框的情况。关于社会符号建构,《人民日报》更多地选取代表国家与国家成果的象征性符号,例如国家水利设施的建设、生态保护成果等,并通过报道领导人对黄河的关注、领导人发表重要讲话等新闻,来凸显黄河所受到的社会重视程度。

由于媒体报道要服务于国家的利益需求,而利益通常是多方面的,包括政治利益、经济利益以及社会利益等,利益需要规则决定了媒体报道对象,也即决定了客观实在是否能转化为符号存在。而符号存在能否被社会认知,这一问题在《人民日报》的报道中,则体现为不断有元素凸显或者隐没。因此跟随着利益需求的变化,《人民日报》黄河相关报道围绕黄河与社会这两大元素,不断发生变化。

一 从纵论世界向聚焦中国转变

新国家的创建的确需要在象征系统上投入大量精力,以突出统一感或是对国家这种抽象实体的新认同。[①] 新中国与中华民国以及之前的封建社会有着截然不同的国家性质,媒体报道需要充分彰显社会主义制度的优越性,从而使民众产生社会主义优越感以及国家认同感,以昂扬的斗志来进行社会主义的建设工作。

在新中国成立初期,《人民日报》作为中共中央机关报,用相当多的篇幅来报道美帝国主义与国民党对黄河的破坏,从而激发民众的斗志。例如,"从前国民党有'治河委员',

---

① 〔美〕大卫·科泽:《仪式、政治与权利》,王海洲译,江苏人民出版社,2015,第207页。

不修堤光知道要钱;蒋孽种炸堤放黄水,淹了人口、村庄和田园。"①"在黄河归故的尖锐斗争中,证明了美帝国主义的飞机大炮不能炸平我们的黄河堤岸,轰散我们成千成万的复堤抢险员工。"② 这些报道反映了反对派对民众的军事打击,也从侧面反映了黄河本身重要的地理位置和作用。在1966年之前,《人民日报》还会利用资本主义的矛盾来衬托社会主义制度的优越性,"资本主义国家受到生产资料和土地的资本主义所有制的限制,不可能实现这个根本的原则。河流开发和水利工程不合理的例子,在美国和其他各资本主义国家是举不胜举的"③。

与敌对势力的行为相对的是,"有我们的毛主席、共产党和人民政府的领导,我们完全有把握战胜一切天然的灾祸,就如同我们完全有把握战胜美帝国主义的侵略行为一样!"④ "大家从这活生生的事实里,更深刻地认识了共产党、人民政府、人民军队永远是为人民服务的。以前飞机、大炮、炸弹掌握在反动统治者的手里,从来就是用来大批地屠杀人民的工具;现在这些武器掌握在人民的手里,却变成了直接为人民创造幸福生活的工具了。"⑤ 抢修黄河铁桥的战斗显示了全党全民万众一心、战无不胜攻无不克的威力。英雄们发出了钢铁般的誓言:"意志坚强赛过钢,要与洪水来较量,修成大桥便运输,

---

① 王亚平:《黄河英雄歌》,《人民日报》1949年8月7日,第4版。
② 邢肇棠:《黄河》,《人民日报》1949年9月8日,第2版。
③ 李锐:《学习黄河综合利用规划的经验》,《人民日报》1955年8月2日,第2版。
④ 高凌云、杨明洁:《中央人民政府派空军炮兵协助轰击冰坝 绥远黄河凌汛安全度过》,《人民日报》1951年4月14日,第2版。
⑤ 霍书:《记人民空军第二次轰炸黄河冰坝》,《人民日报》1952年4月19日,第1版。

面向美英示力量。"① 《人民日报》将黄河救援工作作为背景，与外界势力进行对比，从而体现出社会主义制度的优越性。

随着国家主要领导人对社会基本矛盾判断的改变，中国发展的方向也发生改变。1966—1976年《人民日报》更加注重将黄河作为文化背景，体现出领袖对群众的感召，以及群众对领袖的高度拥护，从而证明社会主义制度的正确性，因此报道中的黄河更多地体现出文化价值。改革开放之前，因为自身基础薄弱，作为国家意志表达和社会动员的重要阵地，《人民日报》很多时候需要对其他国家、其他党派的负面行为进行报道来为国家建设造势。而改革开放之后，《人民日报》黄河报道通过转换议题，实现了媒体记忆从国家外部视角向国家内部聚力的转变。

改革开放后，《人民日报》对黄河事件的报道更加注重其对于国家本身的意义，特别关注其对经济与社会发展的意义。具体来看，关注中国指《人民日报》报道向本国聚焦，特别是报道议题向中国国家发展事务与问题聚焦，更多地剖析国家发展问题，绘制国家发展蓝图。在黄河议题上，改革开放后，治理水土流失、开发黄河水资源、发展黄河旅游等一系列议题大都与经济发展有关，特别是1995年以后，国家提出建设"高效大农业区"，形成农林牧副渔全面发展的新格局；"以水兴电 以电兴工 以工促农"，建成黄河经济带，为黄河其他开发与发展项目以及国家整体发展奠定坚实基础。进入21世纪之后，有关黄河议题的报道具有更强的主体性，特别是2012年后，《人民日报》中的黄河主体性得到了更深层次的开发与

---

① 刘健生：《空前迅速的抢修工程 黄河大桥修复通车》，《人民日报》1958年8月3日，第6版。

呈现。与2000年之前的资源开发不同，由于污染、资源枯竭等问题在全国各地出现，《人民日报》报道主题也从单纯的资源开发转向可持续发展。作为黄河入海口的黄河三角洲的受关注度逐渐提升，其资源开发成为重要议题。同时，《人民日报》报道中的黄河三角洲的开发成为可持续发展的典型。2013年后，黄河开发视角在原来的生态、农业、经济等基础上更加多样化。从早期的水利工程开发，到生态利用与农业发展，黄河功能的丰富化带来了《人民日报》报道视角的多元性。因此改革开放之后的黄河报道，更加聚焦黄河对国家发展的意义，更加重视黄河的经济功能。

　　在文化方面，《人民日报》聚焦国家内部的精神建设。改革开放之前，黄河意象建设突出表现在国际交流方面，黄河被打造成为中华民族的象征；改革开放之后，黄河意象更加丰富。在《人民日报》的报道中，黄河不仅是地理意义上的河流，更是中华民族的精神象征。黄河的意象在报道中常常与坚韧不拔、自强不息的民族精神相联系。它见证了中华民族的成长和变迁，承载着无数先民的智慧和勇气。黄河沿岸的各类历史遗迹见证着中华民族悠久的历史和灿烂的文化。在这种文化背景下，黄河也被视为历史的见证者和文化的积淀者。黄河在历史上曾多次泛滥成灾，给沿岸人民带来深重的苦难。然而，在这些苦难面前，中华民族展现出不屈不挠的抗争精神和重建家园的坚强决心。因此，黄河意象寓意着苦难与希望的交织，以及人类在逆境中寻求生存和发展的勇气。黄河不仅是生命之源和滋养万物的象征，更是中华民族的精神象征。这些意象共同决定了黄河文化在中国文化以及中华民族精神中的重要地位和价值。

在这样的内部聚焦的基础之上，黄河精神与黄河文化有了走向世界的底气："文化黄河，走向世界"文化活动在美国纽约百老汇大屏幕上滚动播放，孔子第78代后裔孔敬拍摄的《文化黄河 魅力贵德》公益宣传片在美国纽约时代广场巨幅大屏上连续播放，以及中国民族文化艺术基金会和河南省济源市共同举办的"文化黄河·山水济源"黄河文化国际交流活动……一系列文化交流活动向国际社会展示黄河文化的独特魅力和深厚底蕴，在海内外引发重大反响。《人民日报》对黄河文化的对外传播路径也有了新的思考。2022年7月5日《人民日报》报道了《第十六届强渡黄河极限挑战赛举行》，"吸引了来自17个国家和地区的211名运动员报名参赛"，黄河相关赛事不仅塑造了中华民族的黄河精神与黄河文化，还使这种精神和文化随着历史的演进不断走向世界，增进国际社会对中国文化的了解和认同，提升中国的文化软实力。

因此，虽然在经济、政治层面，黄河报道从纵论世界向聚焦中国转变，但在文化层面，《人民日报》一直在找寻从内向外的报道突破口。事实上，对外报道是进行国家文化建设的重要环节，是增强民族自尊心和自信心的重要渠道，在《人民日报》的对外报道中，群众能够从另外一个角度了解黄河文化，深入领会黄河精神，从而进一步聚焦国内建设。

从1949年至今，《人民日报》黄河议题从放眼世界向聚焦中国转变，从保障制度向推动经济社会发展转变，这既是中国国家发展思路的转变在媒介记忆中的展现，也反映了中国与世界力量对比的变化。

二 从聚焦时代要求向历史与当代并重转变

自《人民日报》成为中共中央机关报以来，黄河相关的议题报道呈现出从关注当下向历史与当下并重的转变。

新中国成立之初，百废待兴，《人民日报》更加注重黄河本身带来的实际利益，以期促进社会发展，从根源上增加民众建设国家的热情。1948年到1957年，由于黄河自然灾害频发，《人民日报》的报道更加注重黄河洪灾治理和预防工作，黄河开发工作则处于勘察阶段。在《人民日报》的报道中，国家投入大量人力物力，全力改变防洪体系羸弱、隐患众多的局面，持续开展河道整治，进行河口治理。在党的坚强领导下，依靠社会主义制度的优越性，黄河防汛组织动员能力提高到前所未有的程度，推动形成了强大的军民联防合力。这一时期的黄河报道倾向于聚焦时代问题，解决即时性矛盾。首先是黄河防汛问题较为严峻，作为中央级党报，《人民日报》必须发挥其较强的社会动员功能，刊登相关文章，营造良好的舆论氛围；其次，黄河的防汛工作是民众关心的首要问题，黄河曾是一条以善淤善决善徙、洪水灾害频发"闻名于世"的忧患之河，黄河沿岸群众饱受黄河洪水泛滥之苦，报道黄河治理的成果以及共产党对于黄河问题的关注，能够不断增强新中国成立之初中国共产党的合法性。

黄河不仅能够为沿岸民众提供生活的便利，为国家贡献资源，推动经济发展，同时有其独特的文化内涵。九曲黄河，奔腾万里，贯穿古今，滋养生灵万物，黄河是中华文明的发源地，也是公认的中华民族的"母亲河"，作为流经九省份的中华民族文明的象征，凝聚了中国人民浓厚的文化情感，对促进民族团结有重要意义。新中国成立之初，《人民日报》中黄河文化建设报道几乎没有，但《人民日报》会偶尔运用黄河本身的内涵来调动群众参与建设的积极性："它是我们民族的摇篮,我国文化的发源地。它蕴藏着无限丰富的资源,可供我们开发和利用。"①虽然改革开放前《人民日报》有部分关于黄河的意象与历史的表述,而这一系列的表述并未体现黄河的主体性,更多是将黄河与经济建设、与革命思想相连接。

改革开放后,黄河议题不断丰富,黄河意象以及黄河文化内涵也在更多的场景下不断被使用。黄河意象更多地体现在文艺作品中。由于黄河本身重要的地理位置以及深厚的民族精神积淀,越来越多的文学作品与音乐作品或将故事安置在黄河边,或讲述反映黄河精神的故事,《人民日报》在评述这些作品的过程中,重述黄河精神。《人民日报》本身也将"黄河边"作为优秀报道的"来源地",例如《黄河赤子心——记人民满意的公务员丁雪峰》《黄河岸边的彩霞——介绍山东鲁西南民间织锦》,大量的新闻特写将黄河和主人公的优秀品质相联结,从侧面体现黄河带有的民族精神。一方面这些报道加强了受众对黄河精神的体悟,另一方面作品中展现的人物优秀品质丰富了黄河精神。由于黄河精神日渐丰富,越来越多的企业和作品以黄河为名,提升了黄河的知名度,因此黄河的民族形象日益突出,成为大量外交事件中中华民族的代名词。

在黄河意象不断丰富的同时,黄河作为民族的象征,其本身厚重的历史底蕴也在不断被挖掘,《人民日报》从意象和本体两个角度不断建构和丰富黄河文化。从20世纪80年代开始,《人民日报》注重对黄河历史底蕴的挖掘,从对黄河所在

---

① 季音:《根治黄河的第一步——记黄河流域的勘测工作》,《人民日报》1953年9月1日,第2版。

地的历史挖掘，到对黄河本身的历史挖掘，再到对黄河精神的历史挖掘，《人民日报》从各个角度出发，从不同层次挖掘黄河历史，黄河的主体性也在这一过程中不断被"唤醒"。而对历史的挖掘不仅包括挖掘远古遗迹中黄河如何养育中华民族，还包括挖掘近现代历史中黄河如何以其地理优势抵御帝国主义的侵犯。这种历史性的挖掘不仅能够增加黄河厚重的文化底蕴，增强黄河的中华民族代表性，还能体现中华民族的发展历程，在这一过程中，黄河不仅是见证者也是参与者，体现黄河与中华民族相互依偎发展的过程。

当然《人民日报》的黄河报道也并未忽视当下的、即时性的问题。在长时间的黄河灾害报道中，《人民日报》逐渐形成报道内容准确化、温情化，报道时间即时化、常态化的报道方式，以疏导公众情绪为着力点，发挥引领社会热点的重要作用。在黄河发展的报道上，随着黄河保护和治理的一系列政策、机制、制度确立，生态环境保护和水资源管理制度逐步建立健全，《人民日报》报道内容从过去注重经济建设逐渐转变为经济与生态并重，到2019年之后，形成以黄河流域生态保护和高质量发展为主导思想的报道方针。在黄河问题报道上，《人民日报》始终注重搞好舆论监督，注重正面宣传与舆论监督的统一性，做到在黄河问题上"澄清谬误、明辨是非"，在把握传播时机和传播数量的基础上，使舆论监督起到化解社会矛盾与问题的作用。在黄河法制报道上，《人民日报》关注立法过程，报道普法内容，推动完善工作机制，立法进程的推动、执法力度的加大、普法宣传的深入以及法治建设的深化等，共同为黄河流域的生态保护和高质量发展提供坚实的法治保障和社会支持。

《人民日报》以其历史与时代并重的报道方式，记录了每一阶段黄河之于国家的记忆，也侧面记录了国家和社会建设的发展需要，同时在历史的表达过程中，也展现了国家与民族的精神文化品格与历史发展脉络。

三 从体现黄河的功能性向体现黄河的精神性转变

利益需要规则决定了媒体报道对象存在与否的问题，也即决定了客观实在是否能转化为符号存在。改革开放后，在以经济建设为中心的政策引导下，国家开始有意识地重视个体经济的发展，市场经济发展中与集体主义相悖的个人主义潜滋暗长。为了能在经济发展的过程中保障国家团结，国家格外重视民族性符号的建构，因此《人民日报》需要将黄河转化为民族性符号，使受众有所认知，从而加强民族团结。

在改革开放之前，黄河很多时候是以"被征服对象"出现在《人民日报》的报道中的。党的十一届三中全会作出把党和国家工作的重心转移到经济建设上来的战略决策，黄河不断体现其功能性，从水利资源的丰富度到航运的可能性再到上中下游不同的利用层面，黄河给国家发展带来的利好在《人民日报》的报道中得到明确体现。《人民日报》围绕黄河的符号建构进行了一系列报道，但更多的是从经济发展层面体现黄河的重要性。此时的黄河符号的存在以及受众对黄河的认知是符合国家的利益需要的。

近年来，随着资本、市场等在整个社会话语体系中占据日益突出的地位，《人民日报》在既有黄河符号建构的基础上开辟了精神方向，也就是提升黄河作为"母亲河"的民族性符号的重要性，从外交以及文化等多个层面建构黄河本身的文化性和民族性，使黄河不仅能够为国家发展提供经济利益，还能充当民族团结的"黏合剂"。这种经济利益和政治利益相辅相成：由于黄河能够带来经济利益，其才有资格被称为"母亲河"；由于"母亲河"的包容性以及奉献性，其才能够被整个中华民族所接受，从而加强民族内部的团结。同时，"母亲河"的象征性使黄河摆脱了过去"灾河"的本体形象，民众对黄河的认识更加多维。

（作者 2019 年拍于胜利黄河大桥）

第三节　黄河报道编辑思想的变化

任何一种传播行为都包含两个层次的信息：内容信息和关系信息。① 在传统媒体的传播行为中，特别是报纸的传播过程

---

① 〔美〕斯蒂芬·李特约翰：《人类传播理论》，史安斌译，清华大学出版社，2004，第 276 页。

中，内容信息与报纸本身传播内容息息相关，而关系信息更多地隐藏在报纸的排版以及内容选用的过程中。关系表达是潜藏在经由大量符号表征的内容信息之下的深层的关系信息，主要是传递、告知、宣扬不同对象之间的关系状态。

空间位置规则是指媒体的版面元素以及空间安排要服务于媒体报道的需要。空间位置规则，既包括版面的位置、面积、形状、稿件与稿件之间的关系与结合方式，例如头版稿件的重要程度大于内页，上半版的稿件重要程度大于下半版，面积大的稿件重要程度大于面积小的，同时涉及版面元素，例如标题字号的大小，文章是否有框线，图片的大小、形状、颜色，文章是否有底纹、色彩，以及版面上的空白的安排，当标题用黑体、字号较大，且配发了相关图片时，那么该稿件更容易引起受众注意。空间位置规则突出反映了媒体的符号表征性，即以符合空间的元素组合与安排来象征其在社会空间中的关系与状态。报纸空间位置规则表面上单纯地体现了文章与文章之间的关系，以及"规定"了受众接受报道时的顺序，引导受众产生不同的思考；同时文章安排的位置也体现出话题的重要性，体现当前国家、社会、民众对不同话题的重视程度以及需求程度。

一 议题变化带来空间位置变化

黄河作为母亲河，作为中华民族的象征，其意象真正发展是始于20世纪80年代末期。而在此之前，黄河虽然见证了很多，但更多地被视为一种辅助社会发展的资源，甚至由于黄河的问题较多，不同地段如上中下游有不同的问题，黄河在民众的印象里更多的是一种"负担"，而不是建设性资源。因此在

第六章　党报视角下黄河形象的变迁与发展

新中国成立初期，《人民日报》并未将黄河放在重要的空间位置上，只有当黄河发生灾难时，也就是产生了负面信息时，《人民日报》才会进行较为积极的报道，将受众需要第一时间了解的内容，放在头版或者 2 版等重要位置。新中国成立之初为了凸显社会主义制度的优越性，这些负面信息数量较少，且报道倾向于反映救灾的及时性，负面信息并没有成为负面新闻。但由于黄河的出现基本与灾害联系在一起，因此在《人民日报》议程设置中，黄河往往是与灾难、与困境联系在一起的。这一时期《人民日报》建构的黄河形象相对复杂，与黄河本身"母亲河"的形象有一定的冲突。

1958 年后，黄河报道特别是黄河灾难报道版面相对靠后，一般情况下，《人民日报》将黄河大桥以及黄河水利工程作为重要话题放在了头版位置，例如 1958 年 5 月 16 日黄河大桥相关报道《郑州黄河大桥动工兴建》以及 1959 年 7 月 24 日黄河水利工程相关报道《昔日"中流砥柱"怎比得今天黄河工程三门峡砍掉洪峰一半》都位于头版。除此之外，文章不仅配发了资料、图片、导语，提升版面占比，还会使用同题集中等方式，来吸引受众注意，从而突出黄河建设对国家发展的重要性。

党的十一届三中全会提出把全党全国的工作重心转移到经济建设上来，因此《人民日报》中的黄河报道，大量内容向经济建设靠拢，黄河开发成了《人民日报》头版的重要内容，例如 1985 年 9 月 29 日《黄河上游四电站发电超千亿度》刊登在头版位置，显示了黄河资源开发的重要程度。同时《人民日报》也在不断报道黄河经济发展情况，例如 1996 年 10 月 3 日在第 1 版要闻版发表《黄河壶口瀑布游人倍增》，直接用数据表明相较于1994年黄河旅游人数翻了两倍，说明经济形势向好。

　　进入21世纪后，《人民日报》对黄河的关注度呈下降趋势，虽然文章议题的跨度较大，涉及黄河本身以及社会的方方面面，但很少有文章出现在头版头条，且文章基本处于版面的下部，文章的篇幅也在不断缩减。虽然黄河生态建设或者说整个社会生态建设是21世纪的重要议题，但《人民日报》并未将黄河生态作为重要的报道对象。2013年之后《人民日报》黄河报道有了重大转变，文章数量攀升的同时，文章篇幅有所增加，位于头版的文章数量上升的同时，议题也更加丰富，从黄河生态变化和保护到黄河大桥的建设，《人民日报》都有多方位的报道。2019年9月18日，习近平在郑州主持召开黄河流域生态保护和高质量发展座谈会并发表重要讲话，9月20日《人民日报》头版发表文章《习近平在河南主持召开黄河流域生态保护和高质量发展座谈会时强调 共同抓好大保护协同推进大治理 让黄河成为造福人民的幸福河 韩正出席并讲话》。2021年10月22日，习近平在深入推动黄河流域生态保护和高质量发展座谈会上强调，咬定目标脚踏实地埋头苦干久久为功，为黄河永远造福中华民族而不懈奋斗。2021年10月23日，《人民日报》发表了文章《习近平在深入推动黄河流域生态保护和高质量发展座谈会上强调 咬定目标脚踏实地埋头苦干久久为功 为黄河永远造福中华民族而不懈奋斗 韩正出席并讲话》，此后黄河相关文章数量攀升迅速。2020年到2022年共有13篇黄河相关文章出现在头版，其中甚至会出现头版专版，说明了黄河问题的重要性。

　　70多年来，《人民日报》对黄河的报道的空间位置有较为明显的变化，展现出除内容信息外的关系信息。从《人民日报》中黄河报道的排版，包括版面设计、版面位置等，我们能够较为明确地看到《人民日报》设置的黄河议题的重要程度，而议题的设置反映了国家对黄河的要求、对黄河的规划以及对黄河的发展期望。

二　国家需求带来报道形式的变化

（一）防汛救灾报道的变化

在《人民日报》75 年的报道历程中，只有防汛救灾报道从 1948 年就有，并持续到了现在，因此相较于其他主题，对 1948 年到 2023 年黄河救灾主题进行分析，能够更好地了解黄河报道形式的变化。

从 1949 年到 1967 年，《人民日报》抢险救灾文章共 28 篇，占总数的 10%。新中国成立前文章以消息和通讯为主，消息为 200 字左右，内容以洪灾情况介绍为主，头版和第 2 版居多；通讯为 500—1000 字，位于头版或第 2 版，但内容以动员群众救灾以及报道动员情况为主。从这一时期的抢险救灾报道来看，《人民日报》基本保持了一贯的报道方式，即减少灾情影响报道，以尽量减少对执政党合法性的负面影响。1951 年初，"河南、平原、山东三省境内的黄河已于一月底先后解冻，冰块汹涌下流。平原、山东境内黄河狭窄处已有几处为冰块壅塞，河流不畅，水位上升，堤防告急"①，从中能够看到《人民日报》对于凌汛本身的文字报道相对简单，但因为情况危急，《人民日报》还是将文章置于头版。同样是这场凌汛，在动员群众方面，《人民日报》刊登了一篇 1500 字的长篇通

---

①　《黄河凌汛决口处正积极抢救》，《人民日报》1951 年 2 月 5 日，第 1 版。

讯《中央人民政府派空军炮兵协助轰击冰坝 绥远黄河凌汛安全度过》,"他们一致以坚定的口吻说:'有我们的毛主席、共产党和人民政府的领导,我们完全有把握战胜一切天然的灾祸,就如同我们完全有把握战胜美帝国主义的侵略行为一样!'"①。文章不仅正面反映了各级政府如何组织带领群众抢险救灾,也通过与群众相关的直接引语从侧面体现了执政党有能力团结群众。

从改革开放起到2000年,《人民日报》主要以消息的形式具体介绍洪峰情况,以集中式的报道方式报道群众受灾情况及各省救灾情况,穿插报道党和政府的指导以及军队参与抢险救灾的情况,同时以特写的形式报道灾害中的温情时刻,报道对象多样化。在写作手法上,《人民日报》以具体数字表述具体情况,并通过大量的细节描写还原当时场景,在增强受众体验感的同时,突出体现人文关怀,传达一切以人民为重的价值观念。改革开放后,《人民日报》出现了以往几乎没有的灾情具体报道。以往的灾情报道对财产损失和人员伤亡情况提及甚少,但改革开放后,以财产损失和人员伤亡情况为主要内容的报道数量开始增加。总的来看,报道基调较为积极稳妥,虽然出现了之前少见的灾难报道,但文章并未刻意渲染灾难现场细节,而是重点呈现党和政府以及军队的援救措施和善后处理,同时具体介绍洪水情况以及群众的受灾情况,确保舆论引导及时有力。

进入21世纪后,《人民日报》关于黄河灾难报道的形式也有了一定变化。灾难发生之前的报道以消息为主;灾难发生

---

① 高凌云、杨明洁:《中央人民政府派空军炮兵协助轰击冰坝 绥远黄河凌汛安全度过》,《人民日报》1951年4月14日,第2版。

后，由于灾难新闻的核心在于让受众了解灾害现场，因此报道以图片新闻和通讯为主。救灾报道内容较为丰富，不仅涉及灾害现场情况，还涉及灾民安置问题、灾害形成的自然原因以及人为原因等，同时配发图片，增加文章的现场感。灾害过后，对灾害问题的后续，例如学生复课等受众关心的问题进行追踪报道，同时通过对不同工作者的特写报道从侧面反映灾害的严重程度与人文关怀精神之间的张力，突出温情报道的特色。党的十七大报告提出"加强和改进思想政治工作，注重人文关怀和心理疏导"①。《人民日报》黄河灾难报道注重呈现温情时刻，传达一切以人民为重的价值观念，这是人文关怀的重要体现。2000年之前，黄河灾难报道的呈现相对集中，多涉及受灾面积较大、伤亡人数较多的灾害。灾难报道通常具有报道时间较长、报道范围较广的特点。2000年以后的黄河灾难报道呈现出集中与分散相结合的态势：不仅有2008年以及2012年相对集中的灾难报道，在日常报道中，黄河灾害的出现频率也有所增加，例如2005年全面没有集中性的黄河灾难报道，但有分散报道7篇，2010年则出现了8篇分散的灾难报道，因此黄河灾害不再成为《人民日报》的"禁忌"报道，在能够较好地引导受众的基础上，黄河灾难报道呈现出日常化的趋势，保障普通群众的知情权。

2013年之后，由于着力维护黄河良好生态环境，黄河灾难的发生概率大幅度降低，《人民日报》黄河灾难报道也持续减少。其报道形式似乎回到了新中国成立初期，以消息和通讯为主，文章篇幅较短，文笔相对简洁。例如同样的凌汛问题，2015年的报道非常简洁，"黄河内蒙古河段2014年

---

① 《十七大以来重要文献选编》上，中央文献出版社，2009，第27页。

11月30日开始流凌,12月3日出现首封。本年度黄河凌情有四个特点:一是流凌日期偏晚,封开河日期接近常年。二是封河长度为2000年以来最短。三是封河流量较大。首封前三天内蒙古河段平均流量为847立方米每秒,比常年均值偏大近300立方米每秒。四是开河洪峰小。黄河石嘴山—头道拐河段最大槽蓄水增量为13.2亿立方米,略少于常年。由于气温缓慢回升,槽蓄水量均匀释放,开河过程平稳。开河期头道拐站最大洪峰流量920立方米每秒,较常年偏小近六成"①。虽然报道内容简短,报道形式相似,但两个时期国家发展情况却大相径庭。

在响应方面,相较于2000年前的灾害报道,21世纪之后的《人民日报》反应速度更快、文章更短、图片更多,文体以短消息为主。原因在于,进入21世纪之后,老百姓有更多的了解信息的渠道,如2000年左右大量都市报开始出现,后来新媒体逐渐普及。在信息碎片化的时代,《人民日报》必须提升报道速度,拓展报道面积,从而满足受众的信息需求,保证大报、党报在受众心目中的地位。

从1948年《人民日报》创刊到2023年,黄河灾害始终是《人民日报》关注的重要问题之一。从70多年来黄河灾害报道形式的变化能够看到,《人民日报》紧跟国家需求与社会变化的脚步而不断调整。从新中国成立初期通过阶级斗争团结群众,到改革开放后通过经济建设引领受众,再到21世纪初突出人文关怀,以及2013年之后坚持以人民为中心的发展思想,《人民日报》以中共中央机关报的身份始终维护党中央权威,

---

① 赵永平、吴勇:《黄河封冻河段全线开河 乌梁素海春季可获补水1.2亿立方米》,《人民日报》2015年3月25日,第14版。

始终把人民利益摆在至高无上的位置,成为宣传和介绍中国共产党思想、理论、政策、信息的权威媒体。

(二)专题报道的变化

专题报道是对现实生活中某些具有典型意义和较高新闻价值的新闻人物、事件、问题或社会现象等,进行记录或调查分析、解释评述等,揭示主题的深刻意义。具体来说,首先,专题报道可以深入挖掘和解释复杂问题,通过对特定主题或事件的深入调查和分析,提供全面的背景信息和详细的解释,帮助读者更好地理解和把握问题的本质。同时,专题报道可以增加新闻的深度和提高影响力,与简短的新闻报道相比,专题报道更加详细和全面,能够提供更深刻的观点和分析,从而增强新闻的影响力和传播效果。其次,专题报道具有较强的教育和启发作用。通过揭示社会现象的深层意义,专题报道能够教育公众,使公众增加对问题的认识和理解。而且,专题报道常常结合文字、图片等多种媒体形式,使得内容更加生动和吸引人,提高信息的传达效率。总体而言,专题报道通过其深度和广度,在信息传播、公众教育和社会影响方面发挥着不可或缺的作用。

由于黄河本身的特殊性,2013 年后黄河专题报道数量直线上升,"党的十八大以来,习近平总书记高度重视黄河治理问题,走遍了黄河上中下游 9 省区,强调扎实推进黄河大保护"[①]。确保黄河安澜,是治国理政的大事。就黄河问题报道而言,《人民日报》也在不断探索。着力维护黄河良好生态环境,保障黄河安澜,推动黄河流域高质量发展,保护、传承、

---

① 祖雷鸣、郑林华:魏雯:《从中华民族永续发展高度确保黄河安澜》,求是网,https://www.cntheory.com/llly/202407/t20240722_65853.html。

弘扬黄河文化，都是《人民日报》需要思考并着力建构的报道主题。《人民日报》通过大量的黄河专题文章，将具有同一性质的文章聚集在一起，深入具体地分析黄河的某一特征，增加文章的深度以扩大影响。"治理黄河，重在保护，要在治理。即日起，本版推出'大江大河·关注黄河保护'系列报道，关注黄河上下游、干支流、左右岸的保护和治理工作，展现两年来黄河保护取得的相关成果。"① 从2021年10月到11月底，《人民日报》"大江大河·关注黄河保护"专题报道通过4篇文章呈现了黄河上中下游四个重点流域与城市的黄河保护措施与发展情况，分别是10月20日的《山东加大黄河三角洲保护力度——护大河之洲 引百鸟来栖》、10月21日的《陕西持续推进黄土高原地区水土保持工作 固一方水土 保黄河安澜》、11月23日的《甘肃推进黄河流域生态保护和修复 护上游水源 助大河奔流》、11月25日的《生态环境明显向好，水沙治理成效显著 黄河实现连续22年不断流》。这一组报道中每篇文章都有配图，多则两张，少则一张，前两篇文章字数均在2000字左右，占据版面一半的位置；后两篇文章均在3000字左右，加上配图，几乎占据了整版。同时这4篇文章均位于版面的左上角，也即位于本版头条，足以证明《人民日报》对这一专题的重视程度。从文章内容方面来看，本次专题报道注重信息的大容量与增加报道深度，4篇文章从不同角度、不同侧面阐释了黄河保护与治理工作。例如第4篇文章的第一节提到节水的问题，"精打细算用好水资源，从严从细管好水资

---

① 侯琳良、胡友文：《山东加大黄河三角洲保护力度——护大河之洲 引百鸟来栖》（大江大河·关注黄河保护①），《人民日报》2021年10月20日，第14版。

源",文章采访了农民合作社理事长、水利部全国节约用水办公室二级巡视员以回答农业用水问题,采访了山东博汇纸业股份有限公司财务部负责人以回答工业用水问题,最后由黄河水利委员会水资源管理与调度局副局长来收尾总结水资源利用与监管方式。这样的报道方式既能够全面地报道问题,又能以小见大,对内容进行深度挖掘。在报道手法上,本轮报道也不乏《人民日报》专题报道一贯的细节描写,"'这是一片退化草场,正在进行生态修复治理。'随行的玛曲县草原工作站站长杨林平告诉记者,这些小土堆是高原鼢鼠挖出来的黑土滩,'这种老鼠破坏力极强,一只就能破坏一亩草场。它们擅长打洞,20分钟就能挖一米深,导致牧草枯死;繁殖速度快,一年2窝、一次3到4只,而且春季繁殖的幼鼠秋季即可产崽'"[1],这种描写在增强报道画面感的同时也能够增加报道的趣味性。同时报道大量使用直接引语,让文章要表达的中心思想通过采访者之口说出来,提升报道的真实性的同时,使报道更加贴近群众,增加报道的生活性。在报道新闻事实的基础上,本次专题报道不仅注重反映黄河治理和保护的原因、过程和影响,还注重揭示黄河发展的本质和内在规律,即因地制宜,推动黄河流域生态保护和高质量发展。《人民日报》以专题报道特有的大容量、多角度、逻辑性、表现手法多样以及主题统一等特点,通过不同地域、不同人物、不同事件,从不同角度、不同层次报道黄河保护,使多篇文章紧紧围绕黄河流域生态保护和高质量发展的话题,帮助受众更好地了解黄河发展

---

[1] 付文、当正杰:《甘肃推进黄河流域生态保护和修复 护上游水源 助大河奔流》(大江大河·关注黄河保护③),《人民日报》2021年11月23日,第14版。

的全貌和细节。

不同专题设置的内容又有所不同，例如，2020年1月以黄河人文、生态、经济等的复杂关系为主题设置专题，2020年9月以黄河治理为主题设置专题，2021年10月则以黄河保护为主题设置专题。大量的黄河专题报道，能够为受众提供较为全面的信息。同时专题文章数量多、篇幅大、内容丰富，例如"美丽中国·寻找最美乡村·黄河边上"系列，使用小贴士的方式告知受众"怎么去、吃什么、玩什么"，对吸引受众阅读、提高受众认知水平有着重要作用。在形式上，专题报道不仅可以占据整版成为专版，还能够混合不同报道形式，提高信息的传达效率。文字与图片相结合的方式是黄河专题报道的重要形式，同时《人民日报》还会混合一些新媒体形式，形成融合报道，让受众阅读到更加丰富、生动的内容。

第七章
黄河形象变迁与铸牢中华民族共同体意识

习近平总书记在主持十九届中央政治局第三十九次集体学习时强调,要讲清楚中国是什么样的文明和什么样的国家,讲清楚中国人的宇宙观、天下观、社会观、道德观,展现中华文明的悠久历史和人文底蕴。① 一个国家、一个民族的强盛,总是以文化兴盛为支撑的,中华民族伟大复兴需要以中华文化繁荣发展为条件。文化自信是更基础、更广泛、更深厚的自信,是一个国家、一个民族发展中最基本、最深沉、最持久的力量。中华民族共同体意识是国家统一之基、民族团结之本、精神力量之魂。习近平总书记指出:"铸牢中华民族共同体意识、推进新时代党的民族工作高质量发展,是全党全国各族人民的共同任务。"②

黄河文化与黄河精神在中华文明中占据重要地位。黄河文

---

① 《习近平主持中共中央政治局第三十九次集体学习并发表重要讲话》,中国政府网,https://www.gov.cn/xinwen/2022-05/28/content_5692807.htm。
② 习近平:《铸牢中华民族共同体意识 推进新时代党的民族工作高质量发展》,《求是》2024年第3期。

化是中华民族的根和魂。传承黄河文化,将为我们坚定文化自信提供丰厚滋养。黄河文化具有很强的开放性和包容性,其兼容并蓄的文化传承,造就了刚柔并济的民族精神内核,涵养了厚德载物的民族性格,锤炼了自强不息的拼搏精神。黄河是中华民族的"母亲河",在中华民族的历史文化中具有强烈的象征性,是中华民族坚定文化自信的重要根基。黄河形象的深层次化有助于增强中华儿女命运共同体意识。

人们根据赋予他们以特定社会身份的共同祖先、语言和宗教,来确定自己和他人属于某一民族的成员,因此,民族是社会建构出来的,是建构于文化特征基础之上的。本尼迪克特·安德森在《想象的共同体:民族主义的起源与散布》中认为,民族是一种想象,是政治与文化建构的产物。作为一种想象的政治共同体的民族,其被想象为本质上有限的,同时也享有主权的共同体。[1] 霍布斯鲍姆认为,民族是一项相当晚近的人类发明,是特定时空的产物。当代基于特定领土而创生的主权国家与民族的建立息息相关。[2] 同时,媒体的作用和影响是不容忽视的。媒体在建构民族主义的过程中扮演着重要的角色。传播的语言和方式是非常重要的,只有理解这些信息或者具有理解能力的人,才能进入拥有某一种道德和经济的社群,而不理解或者没有理解能力的人便被排除在外。[3] 那些从他者视角审视黄河以及黄河

---

[1] 〔美〕本尼迪克特·安德森:《想象的共同体:民族主义的起源与散布》,吴叡人译,上海人民出版社,2005,第6页。
[2] 〔英〕埃里克·霍布斯鲍姆:《民族与民族主义》,李金梅译,上海人民出版社,2000,第10页。
[3] 〔英〕厄内斯特·盖尔纳:《民族与民族主义》,韩红译,中央编译出版社,2002,第166页。

精神的人，便无法理解中华儿女对黄河的情感。就此而言，黄河报道中的黄河形象与黄河精神是铸牢中华民族共同体意识的重要内容。

第一节　战争时期的黄河形象变迁

战争时期，《人民日报》将黄河沿岸作为重要地理位置，突出表现战争的频繁和民众的困苦，通过反映在中国共产党领导下的人民群众与国民党之间的对立，促进人民群众民族意识的觉醒。《人民日报》以隐喻、象征等手法表述跟黄河有关的战争、劳作、自然灾害等内容，以"河防即国防""渡黄河"的意象强化黄河象征意蕴，强调中华民族的存亡与黄河之间的关系，从而彰显民族情感，加深民族认同。

近代以来，中国沦为半殖民地半封建国家，农民同时遭受帝国主义与封建地主阶级的剥削，因此毛泽东领导下的中国共产党设法扩大民族主义的范畴，将中国最广大人民群众纳入革命进程中。厄内斯特·盖尔纳指出，民族是人的信念、忠诚和团结的产物；当某一类人依据共同的成员资格承认其相互之间的权利和义务时，他们便组成一个民族。①《人民日报》积极建构中华民族内部的共同体意识，报道共同权利以及义务，从而增进民族内部的团结、增强民族认同感。"匪军经常搜寻险工上修埽的人员，发现目标就射击。我们的治河人员并没有因此停止工作，我亲眼见到了那些忠勇健壮的工程队员，沉着机警的抬石修埽。他们告诉我说：'我

---

① 〔英〕厄内斯特·盖尔纳：《民族与民族主义》，韩红译，中央编译出版社，2002，第9—10页。

们这些人没有一个没有挨过打的,可是我们不理那一套,我们还是做我们的工,去年更坏,白天是不能干活,我们就在夜间干,夜间敌人也打枪,我们为了不叫敌人发现目标,就在夜间脱了衣服,悄悄的干.'"①《人民日报》通过普通治河群众的口吻,说明了黄河对群众的重要性,加深群众对黄河的认知与认同,文章中的黄河成为群众之间联结的纽带。正如盖尔纳所说,《人民日报》中的黄河并不是通过边界,不是通过阶级对立,不是使这个类别的成员拥有其他成员所没有的共同特征而催生民族,而是通过寻找能够形成伙伴关系的共同认证,例如与黄河相关的苦难,从而催生民族。②

黄河大汛已临　蒋匪疯狂破坏　数百万人民面临危境

【冀鲁豫十九日急电】大汛已临,黄河水势危急,河南数百万人民的生命财产,已因蒋匪之疯狂破坏我修防工作而面临危境。除美援蒋机昼夜轮番轰炸我沿河险工、村庄及修防员工外,蒋匪整五师、六十八师各一部,结合土顽,竟于十七、十八两日,先后侵占西起东明属高村,东至昆山,长达三百余里沿河所有险工,纵火烧毁我昆山治河秸料四十余万斤,江苏坝秸料也被抢走。所有抢修员工,均被敌打散,抢险工程,因之被迫停工。现水势极度危急,一旦决口,河南数十县份将尽成泽国。我冀鲁豫黄委会为防止黄河决口,自六月下旬开始,即全力抢修黄河

---

① 君谦:《搏斗在黄河上》,《人民日报》1948年6月24日,第1版。
② 〔英〕厄内斯特·盖尔纳:《民族与民族主义》,韩红译,中央编译出版社,2002,第9—10页。

南岸高村、朱口、刘庄、江苏坝等著名险工。高村十二坝以上险工本已为我修竣,七月四日,十三、十四两坝又发生危险,而美援蒋机竟趁火打劫,于七日起,日夜狂炸各该险工,多至每夜连续轰炸十五次,死伤抢修员工及当地群众共达一百五十余人,我抢修大船三只,也遭炸沉。但我黄委会修防处,仍率领员工冒着敌机之轰炸扫射,昼夜英勇抢修,投下砖四十万块,柳苫六七十万斤,十三坝工程遂告大体完成,十四坝工程,也已完成基本工程六公尺三,使坝高出水面一公尺半,只相差一公尺左右即可全部完工。不料蒋匪竟趁此时期,侵占我高村、昆山等地险工,破坏我修防工作。各地险工如因而决口,此滔天罪行应由蒋匪负完全责任。①

这是《人民日报》1948年7月23日发表在头版的文章,发表在头版的原因在于黄河作为重要河流对群众生活影响较大,同时《人民日报》也通过体现阶级意识的方式来塑造群众的民族精神,凸显中华民族共同体意识。将国民党与美帝国主义行径捆绑,呈现出国内国外两个方面对中国劳苦大众的剥削。通过文章我们能够清楚看到,"抢修员工及当地群众"是被剥削、被欺压的,而抢修员工与当地群众是因何被欺压?黄河抢险工作成为重要的纽带和连接点;数百万人民的生命财产是如何面临黄河大汛的危境?因为美援蒋机以及"蒋匪"的轰炸。《人民日报》通过报道黄河自然灾害,通过黄河这个纽带显示出了较强的阶级意识,以"河防即国防"的意象强化

---

① 《黄河大汛已临 蒋匪疯狂破坏 数百万人民面临危境》,《人民日报》1948年7月23日,第1版。

黄河象征意蕴,强调中华民族的存亡与黄河之间的关系,从而彰显民族情感。

战争时期的黄河被视为一种纽带,《人民日报》将黄河和民族紧密地联系在一起,将黄河和群众紧密地联系在一起,通过对抗黄河的汛情、对抗国民党的攻击加强民族内部的团结,从而使群众产生民族共同体意识。

第二节 和平时期的黄河形象变迁

和平时期,《人民日报》将黄河塑造成中华文明的象征。从上游三江之源到下游的黄河入海口山东东营,不同地区、不同时期的黄河形象具有整体性、综合性和关联性,其关联的根源是中华文明中特有的、不屈不挠的抗争精神,因此黄河形象成为中华文明的重要组成部分,助力中华民族实现永续发展。

一 改革开放之前黄河报道与民族意识的关系

新的权力体系要形成民族意识时,就要充分运用媒体强大的话语表达与建构力量,从各个角度建构起适应新的权力系统需要的文化。在中国共产党的领导下,《人民日报》通过赋予黄河不同于过去的崭新的内涵,包括彻底摒弃国民党时期黄河的"灾河"形象,将其改造成自力更生、平等、团结等的象征,并通过一系列文字报道,对这种新的认知和形象进行全面的宣传。群众对黄河的认知逐步发生变化,黄河形象变成了一种国家、社会和群众都认可的文化现象。

从新中国成立到改革开放前,《人民日报》通过黄河相关报道,旨在更好地团结群众进行社会主义建设。在 1966 年之前,《人民日报》黄河报道的主题主要围绕三个问题,首先是黄河灾害的发生、预警、治理,其次是黄河作为关键交通线、地理位置所发挥的重要作用,最后是中央关于黄河问题的指示以及《人民日报》作为党的机关报对黄河工作的指导。

(一) 黄河报道促进民族团结

黄河复堤工程在进行中

（本报特约记者　杜文远）从平原省西境的博爱县到东境的东阿,在千余里的黄河、沁河堤线上,三十五万民工与干部正开展爱国主义的修堤竞赛,为麦收前完成全线一千余万公方土的任务而奋斗。经过十几个工作日,部分县已完工。

修堤工程为加高培厚博爱沁河堤至封邱和濮阳金堤及东阿两道堤防。沿河群众过去均遭受过蒋匪与黄水的灾害,在普遍进行了抗美援朝教育的基础上,全线开展了红旗竞赛。民工们提出口号：" 把堤修好, 保住田地不受水灾, 也是抗美援朝。" 寿张县丁苏崔庄民工队把历年修堤中得到的十三面红旗都插到自己堤段上,争取这次再夺红旗；他们的每车土都在四百斤以上。在竞赛中,各民工队都发挥了自己的特长,组织劳力,改进技术,改进工具,使工作效率大为提高。在一九四六年的效率为每天每人平均约为二公方,一九四九年提高到二点七公方；今年有些县份的民工提高到每人每天平均六公方。在有修堤经验的县份,贯彻了包工包做的方法。在新参加修堤的县份,则抽调一批治河有经验的干部加以指导。

全省各部门干部与沿河群众对这一突击任务作了有力的配合。民工上堤前后，农村中普遍建立了生产互助组，订立了合同，修堤者与留村生产者互相提出保证条件。各地供销合作社供应了大批修堤用具与食品，煤铁分公司供应了大批煤炭，医务人员上堤为民工医疗。在堤线上，电影队、幻灯巡回放映，各地剧团、腰鼓队、民间艺人到处演唱，歌颂复堤中模范人物与模范事迹。[①]

这篇文章发表于1951年6月8日，位于第2版，描述了群众在党和政府的带领下修复黄河堤坝的情形。文章中提及了修复堤坝的前提"均遭受过蒋匪与黄水的灾害"，"普遍进行了抗美援朝教育"。从文章中也能清晰地看到群众对黄河认知变化的过程，在抗美援朝的背景下，国家需要团结的象征。《人民日报》遂通过文字报道，对这种要求和认知进行全面的宣传。因此黄河以及黄河周边的新闻被建构成团结的象征，"爱国主义"、"抗美援朝"以及"蒋匪"的阶级设定本身与黄河没有太大关系，但在国家大背景之下，黄河与爱国主义、与民族意识有了全面的关联，成为能够激发群众团结意识的重要象征。因此，抗美援朝和黄河报道也是一种相辅相成的关系，黄河报道中带有抗美援朝的国家意识，对全面宣传抗美援朝有着重要的推动作用，同时抗美援朝增强了民族意识、加强了民族团结，扩大了黄河报道的社会影响，促使群众参与到黄河修建工作中来。

---

① 杜文远：《黄河复堤工程在进行中》，《人民日报》1951年6月8日，第2版。

（二）黄河报道引发人们劳动意识的变化

河南平原山东三省黄河冬修工程结束

【新华社开封二十一日电】河南、平原、山东三省的黄河堤防冬修工程现已全部结束。全线共计完成土方二百四十一万公方。

今年黄河冬修的主要任务仍是有重点地进行加宽大堤和修整险工堤段。河南、平原、山东等三省共动员民工十五万余人参加修防工作。在修堤时，黄河水利委员会正确执行了包工包做和按方给资的工资政策，激发了民工的劳动情绪，同时，又相继发起爱国主义竞赛运动，使工作效率显著提高。据不完全统计，在执行包工包做的县段，民工每人每天平均工作效率约在四方左右，比春修时提高一方土。

平原省在竞赛中提出："十方先锋运动"，山东省提出"夺红旗运动"等鼓动口号。平原省出席今年全国劳模会议的劳动模范夏崇文和吴崇华更组织了宣传车沿堤宣传他们进京见毛主席的情景，大大鼓舞了民工的修堤情绪。在竞赛中使黄河全线十余万民工不断涌现出大批劳动英雄和模范。该省寿张县前赵庄民工赵继宪听了夏崇文的光荣事迹后，创造了在运距六十五公尺内一日推土二十九公方七的空前纪录。平原省在冬修中，超过每日推土十方以上者，共达二百一十人。山东高青县旧镇大队民工在十二天内，完成了半个月的工程。①

---

① 《河南平原山东三省黄河冬修工程结束》，《人民日报》1950年12月25日，第2版。

改革开放之前《人民日报》中的黄河更多的是作为一个客体存在。无论是黄河灾害治理或预警，还是作为关键的地理位置，报道中的黄河始终是被治理的、被利用的客体，相应的对黄河进行治理或加以利用的主体就是党、政府以及群众。黄河报道中有关劳动的报道被赋予了使全社会重新认识劳动、培育群众劳动光荣的思想意识的重要使命。在古代封建社会，"劳心者治人，劳力者治于人"，作为物质资料生产者的劳动者是被统治的对象，其内核是辛苦的，而劳动本身就成为划分统治阶级和被统治阶级的重要标志。新中国成立之前，在帝国主义、封建主义、官僚资本主义三座大山的压迫下，劳动被认为是"卑鄙的繁重的重担"①，因此在《人民日报》的报道中，无论是劳动竞赛还是劳动工作指导，都意在转变群众的劳动观念，也即将劳动看作光荣、英勇的重要事业。实现这种观念的转变需要国家从不同角度进行策略的引导，同时新闻媒体不仅要报道国家政策，还需要从方方面面培育群众的劳动意识。黄河是报道客体，群众是治理黄河的主体，《人民日报》通过对黄河劳动的大量报道记录下国家培育劳动传统的策略。

"中华民族五千多年文明史，是炎黄子孙用辛勤劳动创造出来的；中国共产党百年奋斗路，是团结带领工人阶级和广大劳动群众探索开辟出来的；新时代十年来强国建设、民族复兴新伟业，是党和人民一道拼出来、干出来、奋斗出来的。"②

---

① 《更加勇敢而勤劳地建设我们的祖国》，《人民日报》1953 年 5 月 1 日，第 1 版。
② 《"劳动最光荣、劳动最崇高、劳动最伟大、劳动最美丽"——总书记同劳动人民在一起》，《人民日报》2023 年 4 月 30 日，第 1 版。

当前《人民日报》黄河报道在提升黄河本身主体性的同时，也将劳动作为重要的报道议题。2016年7月，习近平总书记在宁夏考察期间来到黄河边的"超级工厂"宁东能源化工基地。习近平总书记对员工们说："社会主义是干出来的，我向为社会主义大厦添砖加瓦的所有建设者、劳动者表示敬意。"[1] 勤劳勇敢始终是中华民族精神的重要组成部分，劳动人民始终是实现中华民族伟大复兴的力量之源，多年来黄河报道中劳动议题的持续也是《人民日报》着力建构中华民族共同体的重要途径。

二 改革开放以来黄河形象变化与中华民族共同体意识建构

同20世纪80年代之前有非常大的不同，80年代之后，《人民日报》报道不再以纵论世界形势为重，而是更多聚焦于国家的改革与发展，以国家话语为中心，以国家发展来促进民族团结。邓小平在党的十二大上强调，要按照中国的国情，要依靠中国人民自己的力量来建设和发展中国。"中国人民有自己的民族自尊心和自豪感，以热爱祖国、贡献全部力量建设社会主义祖国为最大光荣。"[2] 改革开放至今，《人民日报》的黄河报道紧密围绕着国家本身的需求，基于国家历史和现状所需的建设与发展，更加聚焦于国家内部，以改革进程中不同阶段所呈现的问题为中心。

这一时期的黄河报道紧紧围绕改革的不同阶段的国家需

---

[1] 刘成友、王汉超、姜峰：《"让黄河成为造福人民的幸福河"》（新思想引领新征程·时代答卷），《人民日报》2021年10月24日，第2版。
[2] 《邓小平文选》第3卷，人民出版社，1993，第3页。

求,以某一阶段最突出的问题为中心展开论述。80年代到21世纪之前,《人民日报》以"开发黄河本身的丰富资源,是黄河发展的重要标志"为主题,黄河整体呈现出被全面开发态势。如《人民日报》1999年就黄河上游水电、中游煤炭、下游石油给经济发展带来的巨大优势进行了全面的报道。同时,黄河治理使黄河不再是过去的灾河,其逐渐承担起航运的职能;而黄河水本身也有了重要作用,1981年引黄济津、1988年引黄济济、1989年引黄济青,解决了人民群众赖以生存的水问题。21世纪之前,《人民日报》在黄河资源方面的报道主题明确,以黄河工程带来的利好为主,逐渐向各个方面辐射,使受众意识到黄河不仅能够带来看得见、摸得到的农业生产优势,还能带来大量工业生产方面的利好。

铸牢中华民族共同体意识既需要精神层面的动力聚合,也需要经济基础提供动力驱动。2000年到2012年,《人民日报》以"要把经济建设、生态建设和社会发展结合起来,实现可持续发展"① 作为黄河报道的重要方向,黄河开发向着可持续发展变化。2006年9月2日《人民日报》在第2版国内要闻版发表文章《山东确定黄河三角洲开发战略 以东营为主战场建设高效生态经济区》,提出"发展黄河三角洲高效生态经济在连续列入国家'十五'计划和'十一五'规划的基础上,山东省委、省政府近期确定实施黄河三角洲开发战略,以东营为主战场建设黄河三角洲高效生态经济区"②,为黄河三角洲整体规划和可持续发展打出宣传前阵。2009年12月1日,国

---

① 王雷鸣:《风起潮涌黄河口——山东省东营市加快黄河三角洲建设和发展纪实》,《人民日报》2000年7月3日,第2版。
② 武少民:《山东确定黄河三角洲开发战略 以东营为主战场建设高效生态经济区》,《人民日报》2006年9月2日,第2版。

务院正式批复《黄河三角洲高效生态经济区发展规划》，标志着黄河三角洲地区的开发上升为国家发展战略。《人民日报》抓紧时机，对该规划进行深入解读。《人民日报》报道主题也从单纯的生态建设，转向"充分发挥区位和资源优势，推动产业结构优化升级，形成以高效生态农业为基础、环境友好型工业为重点、现代服务业为支撑的高效生态产业体系"①，报道文体从消息变为消息与长篇通讯并存，报道内容从生态建设变为环境与经济共进、政策指引与保护工作并存。此时，《人民日报》黄河报道走向与20世纪有了鲜明的对比，从2001年至2005年报道各类动植物保护情况，到2006年至2010年报道高效生态经济区建设，《人民日报》的报道主题紧贴国家发展脉络，反映黄河三角洲整体发展路径。

2013年到2023年《人民日报》的黄河报道主题以"推动黄河流域高质量发展，创作好新时代的黄河大合唱"为核心。新时代赋予人民治黄事业新使命，党中央将生态环境保护、黄河长治久安、水资源节约集约利用、流域高质量发展、保护传承弘扬黄河文化五大目标任务一体部署，极大丰富了黄河保护治理工作的内涵和外延。跟随国家政策的调整，《人民日报》黄河开发报道也发生了重要转向，推出不少贴近实际、贴近生活、贴近群众的精品力作，党心民意实现同频共振。

此后，《人民日报》报道不仅继承了黄河生态环境持续性保护的议题，继续宣传"大保护、大治理""守住生态环境安全底线"，同时在保护的基础上有了一定的升级与转折，着眼

---

① 徐锦庚、马跃峰：《多业并举，打造新的经济增长极——黄河三角洲高效生态经济区重点建设项目综述》，《人民日报》2009年12月15日，第19版。

于"今天添绿,明天添财"①的报道目标,这种目标的确立从侧面反映出中国共产党意在通过黄河带领群众致富,增强群体内部的共同意识,从而增强民族自尊心和民族自豪感。2020年,《内蒙古鄂尔多斯杭锦旗引来黄河水 沙漠腹地变成了宝地》(走向我们的小康生活)讲述了将部分黄河水引入库布齐沙漠低洼地后,老满家通过黄河生态发展从而致富的故事,进一步证明了经济与生态协同发展的可能性。记录生动实践,挖掘鲜活故事,《人民日报》逐渐将黄河建构成生态保护与高质量发展并重的"幸福河",而这种"幸福河"形象的建构也是铸牢中华民族共同体意识的基础。

中国特色社会主义进入新时代,中华民族迎来了从站起来、富起来到强起来的伟大飞跃。从黄河报道中能够鲜明看到改革开放后中华民族富起来的光辉历程,党和政府从利用黄河资源带领沿岸群众致富到实现"绿水青山就是金山银山"的大发展。在黄河报道中,中华儿女生发出共同创造美好生活的幸福感,迎来了实现中华民族伟大复兴的光明前景。

三 《人民日报》黄河报道与中华民族共同体意识的形成

党的十九大报告提出:"铸牢中华民族共同体意识,加强各民族交往交流交融,促进各民族像石榴籽一样紧紧抱在一起,共同团结奋斗、共同繁荣发展。"②

中华民族共同体意识的形成具有主观性,在社会实践活动

---

① 朱佩娴、孙蕾:《昔日黄沙滩 渐成花果川》(大江大河·黄河治理这一年②),《人民日报》,2020年9月23日,第10版。
② 习近平:《决胜全面建成小康社会 夺取新时代中国特色社会主义伟大胜利——在中国共产党第十九次全国代表大会上的报告》,人民出版社,2017,第40页。

中具有一定的能动性，是人民群众对中华民族共同体认知、评价、认同的过程。换言之，中华民族共同体意识是中华儿女在中华民族共同体建设的过程中形成的共同心理意识，即对中华民族的认同和对中华民族的责任感。①

在历史长河中，多样的民族文化交往交流交融，形成了既千差万别又完整统一的中华文明共同体。在百年抗争中，各族人民共同抗争，共同体意识空前增强，中华民族实现了从自在到自觉的伟大转变，由"文明共同体"跃升为"民族共同体"②。中华民族共同体意识的形成，中华文化与中华各民族文化实现内在的一致性，离不开媒体与社会共同努力，关于黄河文化与黄河本身的报道，逐渐成为支撑中华民族共同体意识的重要文化基础。文化自信的共生能量不断地转化为实现中华民族伟大复兴的精神动力。

中华民族共同体意识不能只停留在"意识"层面，还必须从实践层面予以坚持和铸牢。一方面，各族人民要不断加强交往、交流、交融。另一方面，要以中华民族的伟大复兴凝聚力量，铸牢中华民族共同体意识。国家富强、民族复兴、人民幸福内在地涵盖了国家、民族、人民的共同利益，把国家的奋斗目标、民族的向往追求、人民的美好期盼融为一体，体现了伟大的国家情怀、民族情怀、人民情怀，凸显了中华民族共同体意识的实践智慧。③《人民日报》黄河报道的转变也体现出

---

① 权麟春：《中华民族共同体意识的理论建构》，《光明日报》2022年7月25日，第15版。
② 习近平：《在全国民族团结进步表彰大会上的讲话》，《光明日报》2019年9月28日，第2版。
③ 权麟春：《中华民族共同体意识的理论建构》，《光明日报》2022年7月25日，第15版。

这一特点，改革开放后，黄河报道逐渐聚焦于黄河带来的利好。而随着时代与国家要求的变化，黄河带来的利好与群众要求也在不断结合，从过去开发黄河时的"予取予求"到当前的"人与自然和谐共生"，黄河报道中黄河始终在服务国家、民族、人民的共同利益。《人民日报》将国家的奋斗目标、民族的向往追求、人民的美好期盼融入黄河报道中，通过具体反映黄河变化特别是黄河发展，凸显中华民族共同体意识。这是新闻媒体在铸牢中华民族共同体意识层面所作出的重要努力。

同时，近年来"实现中华民族伟大复兴的中国梦"等具有鲜明时代色彩的民族自觉口号与主张的反复使用，传达出较之前更加鲜明的民族自觉意识。这种民族自觉意识，转化为中国人坚定的民族性格和宏大的历史愿景。

第三节　黄河形象建构的特征

在新闻报道中，事实与新闻之间的关系为客观事实是第一性的，新闻报道是第二性的。虽然新闻的本源是事实，但这并不意味着新闻是对客观事实镜子式的再现，新闻通常对事实进行选择、加工和再结构化，如选择某些重要事实并将其纳入社会既有的文化诠释框架中赋予其一定的意义。《人民日报》黄河报道是《人民日报》媒体记忆对国家记忆的忠实反映与形象表达，其中民族精神内涵与内核建设是《人民日报》黄河报道不变的核心。

一　共享性

共享性是媒体新闻实践活动最突出的特性之一。共享性首先意味着新闻生产的社会共享性。新闻业不可替代的信息生产与流通地位的确立，源自新闻产品最终的公共性与共享性。同时，这种共享性不仅体现在当下群体间的传播中，还意味着超越时间维度上的传播，具有沟通过去和现在，并且可能沟通未来的重要意义。新闻形成的记忆是一种可回溯的记忆，在回溯与反观从当时的环境里选择的新闻时，可以实现对过去的审视乃至批判；同时，对过去新闻的调用和复现，可以使过去的新闻成为当前新闻的基础。虽然每一个阶段的语言与话语模式都有着明显的时代特征，但其都与上一阶段有着深刻的联系，"记忆的建构有一种路径依赖的效应，对同一历史事件，我们曾经的记忆与叙述方式影响着我们今天的记忆"[①]。一方面，媒体是在过去报道的经验基础上进行现在的新闻报道，基于对过去报道内容与报道方式的总结或审视，形成更加符合受众需求的报道模式，这是媒体记忆对媒体内部的影响；另一方面，社会公众也会基于对之前报道的理解来解读或审视新的新闻报道，这是媒体的共享性所带来的新闻报道之于公众的影响。这种媒体内部以及媒体对公众的交互性的影响，不仅为媒体，也为整个民族提供了可供调阅的记忆资源。而中华民族精神就是黄河报道在每个阶段都在不断思考和借鉴的核心。对媒体来说，从战争时期到和平时期，中华民族艰苦奋斗的精神在通过黄河精神丰富自身的同时也贯穿黄河报道的始终，后期黄河建设相关报道依旧能够反映出前期黄河开发、勘察时中华儿女所展现的中华民族特有的坚韧性。对于受众来说，《人民日报》一直是以中华民族的视角来解读黄河精神，由此受众心目中的黄河形象与黄河精神不断丰富。

[①] 参见 Olick, J. ed., *States of Memory*, Durham: Duke University Press, 2007。

回顾《人民日报》关于黄河的报道，其对黄河形象的建构与民族精神内核的发展"相互纠缠"，彰显黄河独特的中华民族精神内核。在对大众媒介的诸多描述中，拉扎斯菲尔德和默顿的观点引人深思，他们认为，大众媒介是一种具有双面性的强大工具，它既可以为善服务也可以为恶开辟道路。而且从现实层面来看，如果我们不对大众媒介进行适当的管控，它为恶服务的可能比为善服务的可能性更大[①]。正是因为大众媒介可能对公众产生重大影响，在接收信息的过程中公众又很容易对大众媒介产生依赖，在这样一个循环往复的过程中，大众媒介所传递的价值观或者信息等会对公众的认知、态度及行为产生作用。从黄河报道来看，《人民日报》始终围绕中华民族的精神内核进行黄河报道，多年的报道使受众产生了一定的路径依赖，这使得受众在解读其他黄河相关报道时，也会从中华民族的视角出发。

二 时代性

《人民日报》关于黄河的报道，在报道方式上具有很强的时代性。1949—1958年，《人民日报》的黄河报道方式呈现出较强的政治性与团结性，也即通过黄河报道增强民族对外的一致性与共产党的合法性。改革开放之前的社会主义建设时期，《人民日报》的黄河报道体现出较强的导向性，在报道内容的选择上注重普遍性与可学习性，通过从群众中挑选典型来调动群众争当典型的积极性；同时典型人物还具有较强的可学习性，在报道方式上，文章通过细节描写，使群众对典型人物的

---

① 〔美〕拉扎斯菲尔德、默顿：《大众传播的社会作用》，人民日报出版社，1983，第158页。

第七章 黄河形象变迁与铸牢中华民族共同体意识

模仿成为可能。21世纪来临之前，黄河报道逐渐形成客观报道的模式，还原黄河开发历程。21世纪来临后，《人民日报》黄河报道不仅看重对黄河开发的报道，同时重视黄河开发与生态之间的关系。2012年后，黄河报道开始从各个角度发力，除了黄河发展之外，黄河文化主题与黄河发展主题呈现持平的状态，并且《人民日报》更加关注政策类新闻的报道与解读。在报道方式上，2012年后表达元素更加多元，重大主题报道更加立体丰富，善抓细节增强文章魅力。细节可以增加报道的真实性与感染力，能深化新闻主题，丰满新闻人物，成功的细节描写能让读者留下深刻印象。《人民日报》用细节描写展现黄河的发展与黄河带给人们的利好，使人们理解治理黄河、开发黄河的最终目的还是在于使黄河成为"幸福河"。因此《人民日报》多年来黄河报道的核心在于从造福群众的角度促使黄河成为中华民族精神的重要根脉。

从报道内容的选择上与报道方式的变化上，我们能够明确看到黄河报道具有较强的时代气息，并由此形成了较强的阶段性。但不管是媒体内部影响，还是媒体外部影响，曾经的媒介记忆确实影响着当前受众的记忆与审视的角度。新中国成立后，《人民日报》黄河报道主题的数量较多，形式各异，但黄河防灾救灾始终是报道的核心，这是黄河报道媒体记忆的重要组成部分。在其他报道主题随着政策与时代要求的变化不断变化时，防灾救灾不间断地出现在《人民日报》黄河报道中。黄河灾难报道也具有较强的时代性。从新中国成立初期的具体性，到改革开放之后灾难报道的具体化，再到21世纪以来灾难报道的温情化，报道的时代性和阶段性体现的是国家背景下的不同发展需求，而报道的持续性说明了灾难报道在黄河报道中的重要性，正是这种对灾难的正视，使黄河精神成为中华民族精神的重要组成部分，使黄河成为中华民族重要的代名词。

三 复杂性

有关黄河灾难的持续性报道与《人民日报》本身要建构的"幸福河"形象看似是冲突与矛盾的，这种矛盾性一直隐藏在黄河报道的深层逻辑中，同时推动着黄河报道在政策变动的过程中不断发生变化。改革开放后，黄河开发成为黄河报道的重要主题，《人民日报》对于黄河的报道侧重于反映黄河给人民带来的利益，包括经济红利、生态红利，《人民日报》朝着有利于国家发展、社会稳定的方向进行黄河报道。但黄河灾难报道也穿插在这些开发报道中，甚至经常占据头版头条的位置，成为受众关注的焦点。从表面看，黄河灾难报道和黄河开发报道的交织始终存在。

在《人民日报》70多年的报道中，虽然黄河灾难报道形式有一定变化，且每个时代也有强有力的时代特色，但自始至终，《人民日报》的黄河灾难报道基本是以受灾人数、财产损失、全面救援作为核心内容。在媒体内部，这种报道形式已成为共识；在媒体外部，这些信息是受众最想知道的内容，受众也在一次一次地了解受灾人数与救援过程的基础上，审视和解读新的救援报道，并进行对比，从而一次次刷新对于黄河灾难的印象，认知黄河灾难对于中华民族的影响。

从表面来看，黄河灾难与"幸福河"的形象确实产生了冲突，但从深层逻辑、从中华民族发展的角度来看，有关黄河灾难的报道也是中华民族发展一次又一次的见证。从灾难报道中，我们能够看到灾难对中华民族的影响是逐渐减弱的，黄河灾难报道从侧面展现了中华民族发展的过程。从根源上看，黄河灾难报道与黄河开发报道都是中华民族发展的见证，所以，灾难报道与"幸福河"并不形成本质上的冲突与矛盾。

在新中国成立初期，黄河灾难报道与黄河形象呈现一致性：黄河是"对抗性"的，是敌对分子分裂群众的武器，是影响群众生活的"灾河"，"沿河群众过去均遭受过蒋匪与黄水的灾害"①，黄河问题与国民党一道站在了群众的对立面。面对黄河问题，"在我全河员工英勇奋斗忘我的精神下，万众一心，战胜了三十年来所未有的洪水，完成了不准决口的伟大任务，保障了人民最高的利益，创造了历史的奇迹"②。黄河的敌对形象与黄河带来的灾难呈现出一致性，使受众对黄河产生畏惧感，因此这一时段黄河灾难报道是黄河形象形成的重要因素。改革开放之前，党和政府在开发黄河方面更加注重对水土流失的治理，"力争在最短时期内基本上控制水土流失，把穷乡僻壤建设为美好的乐园"③。经过长时间的治理，"黄河暴涨暴落的性格已经开始发生变化"④，黄河灾难一定程度上得到控制。因此，改革开放前黄河灾难报道与黄河形象也呈现出一致性，黄河成为被征服的对象，成为中华民族发展的见证。

党的十一届三中全会重新确立了解放思想、实事求是的思想路线，停止使用"以阶级斗争为纲"的错误口号，决定将

---

① 杜文远：《黄河复堤工程在进行中》，《人民日报》1951年6月8日，第2版。
② 《战胜三十年来最大洪水 黄河沿岸喜庆安澜 引黄济卫工程开始测量》，《人民日报》1950年1月5日，第2版。
③ 《在第二届全国人民代表大会第一次会议上的发言 根治黄河 造福亿民 王化云代表的发言》，《人民日报》1959年4月30日，第11版。
④ 《三门峡工程使黄水不再暴涨暴落 黄河洪峰平稳通过花园口》，《人民日报》1959年7月25日，第1版。

全党的工作重点和全国人民的注意力转移到经济建设上。改革开放后，随着经济建设的不断推进，为了保障群众的知情权，《人民日报》在黄河灾难报道上更加注重细节，时效性更强，内容更加客观公正。《人民日报》的黄河灾难报道更加重视受众的知情权和接近权，以"公正、公开、公平"为目标取向，通过温情报道的模式凸显社会主义制度的优越性。

与此同时，由于经济的飞速发展，黄河本身的主体性逐渐显露，黄河从过去作为"敌对分子"，到成为被征服对象，再到改革开放后特别是21世纪之后有着巨大潜能的河流，《人民日报》更加关注黄河本身的利益与黄河本身的优势。除此之外，从文化层面看，《人民日报》笔下的黄河也开始从"灾河"向"母亲河"转变。从生态层面的报道中，我们能够更加直观地看到黄河主体性的凸显以及黄河形象的变化。新中国成立之初，百废待兴，在黄河问题上，党和政府集中于应对黄河灾害；黄河生态问题的提出以及报道则是从大生产运动开始的，但正如前文所述，大生产运动时期的黄河生态问题报道更加注重水土流失的治理，虽然底层逻辑是造福群众，但在表达上更多停留在对黄河的治理上。而改革开放后的黄河生态报道则有了本质的不同，一方面黄河开发与治理的成效日渐显现，黄河能够真正造福群众，另一方面伴随对黄河的开发，黄河受到了污染。进入21世纪后，黄河报道呈现资源开发与生态保护并重的理念。2013年后，有关黄河生态的报道侧重于反映黄河生态保护所能带来的经济利益。从报道理念的变化中我们能够看到，黄河从被征服的对象转变为能为人民带来利益的"幸福河"，换言之，《人民日报》笔下的黄河形象从人民的"对立面"向着人民的"同行者"转变。

第八章
黄河形象变迁与大江大河治理思想的变革

2014年3月，习近平总书记主持召开中央财经领导小组第五次会议，研究水安全问题，提出"节水优先、空间均衡、系统治理、两手发力"的治水思路，①确立国家"江河战略"，擘画国家水网建设等，肯定我国大江大河治理取得历史性成就、发生历史性变革。习近平总书记指出："加强长江、黄河等大江大河的水源涵养，加大生态保护力度。"②"十四五"规划和2035年远景目标纲要提出："加强长江、黄河等大江大河和重要湖泊湿地生态保护治理"③。加强大江大河生态保护和系统治理，事关中华民族伟大复兴和永续发展千秋大计。

党的十八大以来，南水北调东、中线一期工程建成通水，南水北调中线后续工程引江补汉工程和滇中引水、引江

---

① 李国英：《为以中国式现代化全面推进强国建设、民族复兴伟业提供有力的水安全保障》，《人民日报》2024年3月22日，第15版。
② 习近平：《论坚持人与自然和谐共生》，中央文献出版社，2022，第289页。
③ 《加强大江大河生态保护和系统治理》，《人民日报》2021年11月12日，第9版。

济淮、珠三角水资源配置等重大引调水工程开工建设。"系统完备、安全可靠，集约高效、绿色智能，循环通畅、调控有序"的国家水网正在加快构建。党的十九届五中全会提出，强化河湖长制，加强大江大河和重要湖泊湿地生态保护治理，实施好长江十年禁渔。① 河湖长制是习近平总书记亲自谋划、亲自部署、亲自推动的一项重大改革举措和重大制度创新。流域性是江河湖泊最根本、最鲜明的特性，决定了治水管水必须坚持流域系统观念，遵循自然规律。全面推行河湖长制，尊重江河湖泊自然属性，有利于贯彻全局"一盘棋"思想，实现流域统筹、区域协同、部门联动，以先进制度汇聚各方力量。

1946年5月，中共晋冀鲁豫中央局创办《人民日报》；1948年6月，《人民日报》同《晋察冀日报》合并为中共华北中央局机关报；1949年8月，《人民日报》成为中共中央机关报。1949年3月15日，《人民日报》编辑部从河北西柏坡迁入北平城的东单王府井大街，拉开了当代中国新闻事业发展的序幕。《人民日报》是中国共产党中央委员会机关报，它的管理体制、功能设计和思想路线，是中国当代报纸乃至整个中国新闻业的缩影。

《人民日报》作为中共中央机关报，主要职责包括报道评论国内外重要时事与重要思想、政策问题；解释全国各地及首都的情况与中心工作，交流经验，开展各种思想与工作问题的讨论；刊登文艺作品，介绍文艺工作经验，以及发表读者来信问答；等等。② 《人民日报》从创刊至今已经70多年，在这70

---

① 《十九大以来重要文献选编》中，中央文献出版社，2021，第807页。
② 吴廷俊：《中国新闻史新修》，复旦大学出版社，2008，第397页。

第八章 黄河形象变迁与大江大河治理思想的变革

多年里,其根据不同历史时期和社会发展的不同要求,不断调整或改革,以适应社会形势的新变化。新中国成立后,《人民日报》成为全国发行量最大的报纸,并开始在国外发行;自 1951 年 1 月起,还先后在上海、武汉、西安、广州、成都、昆明、哈尔滨、乌鲁木齐、南昌等地出版航空版。① 改革开放初期,人民日报社等新闻单位开始实行"事业单位,企业化管理"。1996 年 9 月 26 日,江泽民视察人民日报社时,明确指出:"过去我们的传媒只讲宣传,如今在市场经济条件下,新闻媒体既要宣传,又要经营"②。从此《人民日报》进入"采编和经营两个轮子一起转"的发展阶段。新中国成立到改革开放之前,以《人民日报》为龙头的党报体系在中国新闻媒体格局中处于权威和垄断地位。③ 虽然改革开放后,随着新媒介的出现,《人民日报》不再具有强势的"垄断"地位,但是,其作为中共中央机关报,在新闻媒体乃至整个社会信息格局中仍具有不可替代的地位与影响。

《人民日报》黄河议题文章内容以及文章位置显而易见的变迁轨迹是黄河报道变化中最突出的也是最易被发现的部分。同时,在黄河议题内容与文章位置变化的背后,潜藏着黄河议题构成要素以及关系的表达,它们的变化尽管不如内容以及位置的变化那么明显,但对内容和位置呈现起支配性作用,因此其能够反映《人民日报》黄河议题更深层次的变化。《人民日报》作为中共中央机关报,报道黄河议题的本

---

① 刘家林:《新中国新闻传播 60 年长编(1949—2009)》下册,暨南大学出版社,2010,第 26 页。
② 刘家林:《新中国新闻传播 60 年长编(1949—2009)》下册,暨南大学出版社,2010,第 283—284 页。
③ 刘赞:《党报生存环境研究》,河北大学出版社,2014,第 33 页。

质其实就是探讨黄河与社会的关系,其中社会元素指涉较广,不仅包括政治、经济、文化的发展,还包括黄河本身带来的灾害等问题,它们构成了《人民日报》黄河议题中的黄河与社会两大关系要素。因此,考察《人民日报》议题要素的变迁,就需要透过文章内容以及位置的变迁等表象,深入揭示黄河议题核心的变化情况,深刻揭示党的大江大河治理理念的变迁。

第一节　从重视河流功能到凸显黄河文化与精神

虽然《人民日报》黄河议题每年都会出现,但基于不同历史阶段、不同的社会发展水平以及环境,《人民日报》报道的黄河议题凸显的内容是完全不同的。如上文所说,在《人民日报》的报道过程中,黄河的主体性在逐渐清晰。

将《人民日报》的黄河议题文章放在新中国成立以来的宏大历史中,可以发现一条比较明显的转变轨迹。新中国成立以来,《人民日报》致力于塑造黄河的精神支撑形象——在社会主义建设时期注重解决黄河水灾,将黄河作为叙事背景;改革开放后全面建设黄河,更加注重黄河本身的功能性;而到了21世纪特别是2013年后,《人民日报》的文章开始凸显黄河本身的个性与特征,凸显河流本身的文化与精神。

新中国成立后,中国共产党的工作重点从夺取政权转移到巩固政权上来。作为党报的《人民日报》在新中国成立初期最突出的特征就是,集中报道黄河灾害问题以及党和政府不断解决问题。《人民日报》通过黄河报道使群众认识到中国共产党能够带领群众过上好日子,从而增强中国共产党执政合法性。

例如《战胜三十年来最大洪水 黄河沿岸喜庆安澜 引黄济卫工程开始测量》《黄河防汛总指挥部指示各地 进一步加强防汛工作》《今年黄河防汛应注意的问题》《黄河堤防完成大检查 现正进行修补险工准备防汛》《山东完成首期黄河春修 省府指示进行下期工程》等，《人民日报》从抢险救灾、政策引导等多个角度围绕黄河进行了全方位的防灾报道。

除了从正面增强政权合法性之外，黄河也是《人民日报》进行正反对比的工具，反面报道不断从侧面巩固政权的稳定性。如前文所述，在黄河议题上，《人民日报》不断提及其他反对势力对黄河的破坏，以及对黄河沿岸群众不闻不问，通过将之与中国共产党的行为进行对比，巩固中国共产党执政的合法性。因此，新中国成立初期《人民日报》中的黄河本身的主体性并不强，《人民日报》黄河报道重在建构群众与政权之间的关系。

随着党和国家的工作重点转移到经济建设上来，媒体报道开始弱化意识形态斗争，更加突出中华民族追求富强的发展主线。在《人民日报》黄河议题报道中，这种要求体现在改革开放后，黄河报道更加突出黄河主体性与功能性，更加关注黄河本身所带来的经济、文化等实体利益，黄河带来的看得到摸得着的利益为国家稳定奠定基础。

改革开放之后，特别是进入 21 世纪之后，《人民日报》逐渐减少对黄河灾难的关注，更多地关注黄河开发和黄河建设。从过去黄河的勘察工作到进入 21 世纪之后大量的黄河工程给民众带来福利，报道不再过于强调黄河具有的政治意义，更多地从具体的、个体的黄河工程和黄河劳动者出发，对被宏大价值话语所遮蔽的具体的黄河情况进行挖掘。在这一过程中，黄河的主体性逐渐被"唤醒"，黄河不再是背景式的存在，而是开始回归其本质。

从黄河主体性变化中，我们能够清晰地看到黄河报道从注重实体利益转向注重精神层面。改革开放后，《人民日报》就黄河上游水电、中游煤炭、下游石油给经济发展带来的巨大优势进行了全面的报道，同时，就生态问题进行了报道。1995年之前的黄河生态变化报道，以林草建设、保持水土为主，以群众需求为先，以保证群众生活为主。1995年之后，随着经济建设带来的环境破坏逐渐增多，《人民日报》更加注重生态环境的保护。21世纪以来的20多年里，《人民日报》更是将黄河的开发与发展作为最重要的议题，而且报道呈现出开发视角多样化的特点，从早期的只针对水利工程的开发，逐渐发展到关注生态利用与农业发展。黄河功能的丰富化带来了《人民日报》报道视角的多元性。除了关注经济利益以及生态开发，《人民日报》在文化方面不再单纯将黄河作为"背景"，相关黄河报道不断为黄河披上更多彰显文化形象和文化价值的外衣，增加了黄河的主体性。《人民日报》中黄河文化报道注重黄河民族性的建构，而这种民族性建构其实从《人民日报》早年间报道黄河就有迹可循。从1953年报道中的"它是我们民族的摇篮，我国文化的发源地"，到1977年"黄河是我们中华民族的摇篮"和1995年"融会多民族地方文化而形成的黄河文化是中华民族文化的主体"，再到2006年"黄河是中华民族历史和文化的发源地"，以及2014年"黄河流域是中华民族的摇篮"，能够看到《人民日报》对黄河民族性、精神性的建构是持续的，且在进入21世纪后格外突出。在建构过程中，跟随社会发展与政策变革，黄河的主体性不断提升，黄河的民族性和象征性也在不断增强。从前期文艺作品中黄河精神作为背景从而凸显主人公的精神品质,到后期从黄河本身出发探寻历史感和象征性,从前期通过黄河介绍典型人物的精神特质,到后期黄河工程与典型人物共存,黄河的主体性在不断增强的同时,黄河的内涵也在报道过程中借助文艺作品和典型人物而不断丰富。

《人民日报》不仅通过中华民族内部内容建构黄河的民族性、精神性,还通过国际传播的内容对黄河形象进行建构。在国际文化交流的过程中,《人民日报》经常将黄河作为中华民族的代名词,例如1988年8月10日第8版副刊的《从黄河、长江划到莱茵河——关于联邦德国的〈龙舟〉》,2009年8月6日第13版国际版的《莫斯科上演"黄河奇迹"》等。在报道对外交流的过程中,《人民日报》将黄河作为中华民族的代表,不仅能够提升黄河在国际上的知名度和地位,还能使民众增加对黄河民族性的认知。也就是说,民众早期对黄河的认知主要是通过了解阶级斗争形成的,现在对黄河民族性的认知则是通过《人民日报》的国际视角形成的。《人民日报》黄河报道议题的变化在提升黄河本身地位的同时,也能够进一步凸显黄河的主体性,凸显黄河作为中华民族代表的象征性。

正如前文所述,《人民日报》中的黄河议题,是围绕着黄河和社会两个重要因素展开的。新中国成立以来大部分报道围绕黄河和社会之间的关系进行,但需要注意的是,在改革开放之前,报道更多地呈现了黄河所具有的政治意义,而改革开放之后,报道从彰显黄河的主体性出发,突出黄河本身的建设与发展给民众以及社会带来的益处,并日渐重视黄河本身的文化意义。因此虽然都是报道黄河与社会的关系，但在后期报道过程中，黄河作为实体，作为利益的来源，其主体性日益突出。

这种主体性的提升也印证了我们党大江大河治理思想的变革。2019年9月18日，习近平总书记在郑州主持召开黄河流域生态保护和高质量发展座谈会并发表重要讲话。着力推动黄河流域高质量发展、使黄河更多造福人民是黄河治理和保护的重要目标，这意味着黄河必然要充分彰显它的功能性。加快建设幸福黄河更好造福人民群众，也包含了重要的文化建设路径。黄河文化是中华文明的重要组成部分，具有铸牢中华民族共同体意识的重要作用，要深入挖掘黄河文化的丰富内涵及其蕴含的时代价值，讲好"黄河故事"，延续历史文脉，坚定文化自信，为实现中华民族伟大复兴的中国梦凝聚精神力量。

第二节　坚持绿色发展理念，正确处理生态治理与经济发展的关系

一　从奉献到共生共建共享

《人民日报》作为中共中央党报，有较强的议题设置功能。改革开放之前，特别是新中国成立之初，国内媒体数量相对较少，虽然当时也有新华社和中央人民广播电台，但从传播范围、传播对象以及影响范围来看，《人民日报》更胜一筹。"报纸出版从1950年的382种、7.98亿份、6.51亿印张，到1956年尽管种数减少到347种，但总印数却增至26.12亿册、总印数增

至 24.47 亿印张。"① 这种阅读量为《人民日报》确立较高媒体地位提供了重要基础。由于 1949 年到 1979 年中国新闻业高度同质化，《人民日报》对民众的引导作用也相对较强。改革开放之后，特别是 20 世纪 90 年代后随着电子处理技术的成熟，以中央电视台为龙头的电视业不断发展，同时互联网技术日渐成熟，受众自主性提升，但《人民日报》作为中共中央机关报，其对中央政策的及时发布以及对地方发展的指导使其依旧能够在各类媒体中拥有不可撼动的地位。

改革开放之前，《人民日报》建构的黄河与社会的关系体现出浓郁的奉献和牺牲精神。正如上文所言，在新中国成立之初，《人民日报》中的黄河作为抵抗敌对势力破坏中华民族建设的堡垒，当时有大量与抢险救灾、抵抗敌人相关的报道，在这些报道中，干部和群众为了完成国家任务，保障生命财产安全，不断奉献自己。"地勤同志们像准备夜航一样地把飞机连夜准备停当，才回到宿舍休息，他们眯了眯眼，黎明前又到了机场，检查了机件，等待着空勤人员的立刻起飞。"② 由于黄河主体性的缺失，这种牺牲和奉献精神主要是通过黄河沿岸的先进事迹特别是报道中带有黄河背景和色彩的典型人物体现出来的。

《人民日报》黄河议题体现的这种牺牲和奉献精神有其必要性，牺牲与奉献要求劳动者或者要求社会的一切为国家建设服务。新中国成立初期，国民经济基础薄弱，实现工业化需要大量资金，比如依靠国民经济特别是工业的积累，因

---

① 范军：《中国新闻出版业：波澜壮阔的七十年》，《出版发行研究》2019 年第 6 期。
② 霍书：《记人民空军第二次轰炸黄河冰坝》，《人民日报》1952 年 4 月 19 日，第 1 版。

此人民群众必须节衣缩食，艰苦奋斗，暂时牺牲个人利益，优先服从、支持和保障国家和集体的利益。《人民日报》作为中共中央机关报，作为具有重要议题设置功能的媒体，作为具有极高政治地位的媒体，不仅仅需要在评论中明确社会发展的需求，还需要在任何时刻、在任何文章中高度突出政治性，给民众灌输国家利益高于个人利益的观点。因此黄河议题中存在集体利益、整体利益高于个人利益、局部利益的支配逻辑。

但这种支配逻辑并不是以强硬的方式贯穿在文章中，而是以一种委婉的方式激励民众进行生产。"我们相信，他们为了自身的利益、本地方的利益和全国人民的利益，一定能够把他们的责任充分地担负起来。"[1] 一方面，媒体会描绘美好蓝图，运用"延迟满足"策略来实现论证。例如，"总之，我们要彻底征服黄河，改造黄河流域的自然条件，以便从根本上改变黄河流域的经济面貌，满足现在的社会主义建设时代和将来的共产主义建设时代整个国民经济对于黄河资源的要求"[2]。这与当时中央的意识形态工作路线是一致的，就是要鼓励民众把今天的艰苦奋斗与明天的共产主义相结合，从而更好地工作。另一方面，媒体会通过选择，以一种高度颂扬典型人物、典型事迹的方式，激励民众维护国家利益。例如，"但他们只有三个技术人员，二十个临时加入的测量工人，和三十二个完全没有测量技术的新手。他们在工作中通

---

[1] 《关于根治黄河水害和开发黄河水利的综合规划的报告——在一九五五年七月十八日的第一届全国人民代表大会第二次会议上》，《人民日报》1955年7月20日，第2版。

[2] 《全国人民代表大会举行全体会议 邓子恢作关于黄河规划的报告》，《人民日报》1955年7月19日，第1版。

第八章　黄河形象变迁与大江大河治理思想的变革

过短期训练和典型试验,取得经验……所以超额完成了任务,保证了质量"①"许多工人表现了不屈不挠的战斗精神,他们丝毫没有犹疑就自动脱去棉衣穿上救生衣,冒着生命危险迅速地跑上便桥抢救物资。"② 这种报道逻辑有效鼓舞民众投身如火如荼的国家建设中。

改革开放之后,报道中的黄河主体性增强,黄河不再是一个背景板,因此这种奉献精神的体现从过去黄河沿岸的先进事迹特别是带有黄河背景和色彩的典型人物那里过渡到黄河本身。黄河上游水电、中游煤炭、下游石油等资源被不断开发,黄河本身成为奉献的主体。"'天下黄河富宁夏',然而宁夏回族自治区经济发展长期处于全国中下游。宁夏不甘心这种状态。最近自治区提出了今后五年建设宁夏黄河经济的新蓝图。"③ 改革开放后,以经济建设为工作重心的要求同样影响了《人民日报》黄河议题的变化,如何利用黄河、如何通过黄河振兴经济是这一时期黄河最重要的议题。

21世纪以来,《人民日报》黄河议题的报道出现国家与个人并重、黄河本身与社会共享成果的基调。21世纪之前,黄河生态变化报道,以群众需求为先,以保证群众生活为主,主要目的在于解决群众基本生存问题,从议题上看就是不断利用黄河发展经济,报道不再过于突出国家利益高于个人利益的意识形态,报道视角更加多元,从治理水土流失到深层次开发,

---

① 《中央燃料工业部勘测队八个月的勘测、钻探结果 证明黄河上中游蕴藏的水力发电能力巨大》,《人民日报》1953年2月28日,第2版。
② 《我们战胜了黄河天险》,《人民日报》1955年6月12日,第6版。
③ 黄翔明:《天下黄河富宁夏 两岸经济要腾飞 宁夏绘就振兴经济蓝图 农业能源交通城镇建设正在加紧进行》,《人民日报》1990年8月25日,第1版。

从解决群众温饱到促进黄河沿岸高质量发展。黄河议题的报道基调更加"接地气",报道的内容日益贴近民众生活。进入21世纪之后,《人民日报》在关注经济发展的同时,更加关注生态环境的保护,经济发展与环境保护并重,"黄河未断流,改善了流域及黄河三角洲地区的生态环境,使人与自然的和谐关系逐步修复"①。2019年之后,黄河与社会的关系实现了新的飞跃,黄河流域生态保护和高质量发展上升为重大国家战略,黄河沿线地域迎来前所未有的机遇——"既要谋划长远,又要干在当下,一张蓝图绘到底,一茬接着一茬干,让黄河造福人民"。② 从黄河议题的变化来看,党和政府开发利用黄河,保护生态环境,促进经济进步的同时,也使黄河摆脱过去牺牲与奉献的形象。

从新中国成立到21世纪之前,《人民日报》的黄河报道更多呈现奉献与牺牲的黄河形象。与21世纪之前形成对照的是,21世纪以来的黄河报道展现出对黄河与社会关系的辩证理解:一方面,逐步突出黄河的主体性,肯定黄河作为主体带来的一系列经济和社会效益;另一方面,肯定各项成果的取得对黄河形象建构起到的正向作用,或者说不再以牺牲黄河作为代价,而在社会建设与创造和成果分享与享有的过程中,确认了黄河主体或者说黄河本身的价值,从而在很大程度上体现了集体与个体、整体与局部利益的协调统一。

共建共享,实现人与自然和谐共生,也是当前黄河发展的重要基调。习近平总书记强调指出,"要呵护好我们赖以生存

---

① 宋光茂:《黄河口增加淡水湿地近5000公顷 黄河5年未断流》,《人民日报》2005年10月30日,第2版。
② 李泓冰、姜峰、李栋等:《行走黄河看巨变》,《人民日报》2020年1月3日,第1版。

和发展的生态环境,为子孙后代计,为长远发展谋"①,让黄河造福人民,既要造福当代人,也要造福子孙后代。回望历史,习近平总书记指出:"新中国成立之初,毛主席就提出'要把黄河的事情办好',他原打算组织个马队视察黄河,深入调研一番,然后研究如何让黄河安澜。这个愿望后来没有实现。"②"如今我们接着做起来了。现在条件不一样了,可以坐飞机、坐火车、坐船、坐汽车。当然,走一遍不是为了仅仅看一看,而是要有思考、有想法、有部署、有行动,知行合一,做行动派!"③"让黄河造福人民,是毛主席当年的夙愿,是党带领人民接续奋斗的初心,如今在以习近平同志为核心的党中央带领下,开展持续治理,实现了黄河安澜,百姓安居乐业。"④从具体事例来看,中国共产党的大江大河治理思想在不断变化,围绕着社会发展变化,从过去要求河流不断奉献,到现在追求和谐共生、持续发展;但从长远来看,中国共产党大江大河治理思想的内核又似乎从未改变过,"要把黄河的事情办好",让黄河岁岁安澜从而造福百姓,"让黄河成为造福人民的幸福河",这是多年来中国共产党一直坚持的思想,是黄河流域生态保护和高质量发展的目标指引,为我国新时代江河治理提供了根本遵循。

① 《学习进行时|"习近平的2021":为子孙后代计,为长远发展谋》,百度,https://baijiahao.baidu.com/s?id=1720089442754476542&wfr=spider&for=pc。
② 《大河奔涌,奏响新时代澎湃乐章——习近平总书记考察黄河入海口并主持召开深入推动黄河流域生态保护和高质量发展座谈会纪实》,百度,https://baijiahao.baidu.com/s?id=1714424432660095171&wfr=spider&for=pc。
③ 《大河奔涌,奏响新时代澎湃乐章——习近平总书记考察黄河入海口并主持召开深入推动黄河流域生态保护和高质量发展座谈会纪实》,百度,https://baijiahao.baidu.com/s?id=1714424432660095171&wfr=spider&for=pc。
④ 刘小勇:《让黄河成为造福人民的幸福河》,《红旗文稿》2024年第5期。

二 由政治价值到经济价值再向生态价值转变

习近平总书记指出:"始建于战国时期的都江堰,距今已有2000多年历史,就是根据岷江的洪涝规律和成都平原悬江的地势特点,因势利导建设的大型生态水利工程,不仅造福当时,而且泽被后世。"① 建设生态文明,需要从中华优秀传统文化中汲取智慧,保持满足人的需求与尊重自然规律之间的平衡,做到既保护自然又利用自然,在保护中利用,在利用中保护。在敬畏自然、尊重自然、顺应自然、保护自然中实现人与自然和谐共生。这种生态智慧,集中体现为中国共产党坚持整体性、系统性的自然观,将人与自然作为一个生命共同体来看待。

新中国成立后较长的一段时间里,《人民日报》对黄河的报道,之所以包含大量与敌对势力对比的内容,很大程度上是出于政治化表达的需要,旨在调动群众建设社会主义的积极性。从《人民日报》1949—1966年的黄河相关文章中,可以看到《人民日报》要体现出中国共产党的政治引领作用,因此大量的黄河救灾文章展现中国共产党加强政策引导与人民政府以及人民军队全力救灾。同时为了确保群众投身建设中来,黄河像是一个背景板,更多地体现阶级之间的矛盾、国家内部与外部的矛盾,"过去在国民党腐败统治时期,黄河桥从无养护修检工作。致桥基、桥脚、桥梁受到严重损毁,桥面轨道歪曲,枕木腐朽,行车时速降至五公里"。②"当中央飞机与炮兵

---

① 《从中华优秀传统文化中汲取生态智慧》(观察者说),《人民日报》2021年11月12日,第9版。
② 陈迹:《初步加固增强行车时速及载重力 黄河铁桥面目——新悲观论调一扫而空 护桥工人工作信心普遍高涨》,《人民日报》1950年3月10日,第2版。

不畏辛劳的出动轰击冰坝时，不少的群众感动的流下了眼泪。有的说：'国民党的飞机是用来打内战和轰炸我们人民的，共产党却是用飞机轰炸冰坝，替人民除害'。"①《人民日报》这种以黄河为背景对阶级之间矛盾的隐晦表达，不仅能够完成新闻工作报道事实的本职工作，同时还能够按照国家要求，继续促进群众如投身革命一样投身社会主义建设之中。因此为了保证阶级斗争的持续性，这一时段《人民日报》的黄河报道更加倾向于体现其政治价值或政治意义。

党的十一届三中全会重新确立了实事求是的思想路线。全会停止使用"以阶级斗争为纲"的口号，决定将党和国家的工作中心转移到经济建设上来，并且提出了改革开放的任务。随着改革开放以及中国经济的飞速发展，黄河大批工程进入全面利用阶段，国家提出建设高效大农业区，形成农林牧副渔全面发展的新格局；"以水兴电 以电兴工 以工促农"，建成黄河经济带。这一阶段的《人民日报》黄河报道议题非常明确：以黄河工程带来的利好为主，逐渐向各个方面辐射，使受众意识到黄河能够带来看得见摸得到的生产优势或利好。为了能够更好地促进改革开放，推动群众参与国家建设，维护国家团结，《人民日报》积极报道黄河经济利益，不断推动干部与群众共同探索黄河经济发展路径。

同时这一阶段关于黄河文化的文章数量相对较多，黄河不仅成为物质上的"后备力量"，同时也是精神上的"重要支撑"。改革开放后，由于导向的变化，媒体改变了原有的报道形式，《人民日报》着重将黄河精神以及黄河故事作为加强民

---

① 高凌云、杨明洁：《中央人民政府派空军炮兵协助轰击冰坝 绥远黄河凌汛安全度过》，《人民日报》1951年4月14日，第2版。

族团结的重要途径。因此这一阶段黄河报道中的经济发展以及文化建设内容较为丰富，文章数量较多。

进入21世纪后，黄河问题逐渐增多。对于黄河问题的报道早已有之，但21世纪以来，《人民日报》不仅关注黄河问题的产生，也非常关注黄河问题特别是黄河生态问题的解决；不仅关注经济的发展，也关注经济与生态发展的共生性，强调生态发展的重要性，"守住生态环境安全底线。生态安全是国家安全的重要组成部分，是经济社会持续健康发展的重要保障，事关中华民族伟大复兴和永续发展。"①

《人民日报》在20世纪60年代开始出现对黄河生态发展的报道，指导受众修复黄河生态，并使受众形成黄河生态保护意识；80年代在黄河生态恢复的基础上，《人民日报》开始报道黄河经济开发，并不断强调生态与经济可以相互协调、相互促进；21世纪之后特别是2013年之后，《人民日报》黄河报道更多地体现可持续化发展的路径，从而使受众形成黄河可持续发展的意识。在党的政策指导下，《人民日报》黄河生态报道中的可持续发展思想不断升级。"绿水青山就是金山银山"，黄河生态报道作为《人民日报》生态报道的重要一环，阐述了经济发展和生态环境保护之间的关系，揭示了保护生态环境就是保护生产力、改善生态环境就是发展生产力的道理，指明了经济发展和生态保护协同共生的新路径。

无论是新中国成立之初到改革开放之前的黄河政治价值建设，还是改革开放之后的经济与生态价值建设，《人民日报》的黄河报道不断褪去浓重的国际关系、国家利益等政治色彩，

---

① 李贵成：《重在保护 要在治理 让黄河成为造福人民的幸福河（新知新觉）》，《人民日报》2020年9月8日，第9版。

代之以突出的经济色彩，在经济色彩逐渐浓郁之时，为了保障经济持续发展，又融入生态价值的色彩。《人民日报》黄河报道核心议题的变化，不仅代表着《人民日报》议题设置的变化，还间接反映了国家政策与国家发展道路的选择。

让黄河造福人民，是实现人与自然和谐共生的中国式现代化的必然要求。党的二十大报告指出，中国式现代化是人与自然和谐共生的现代化。① 尊重自然、顺应自然、保护自然，是全面建设社会主义现代化国家的内在要求。党的十八大以来，在习近平生态文明思想科学指引下，长江、黄河等大江大河和重要湖泊湿地生态保护治理更加注重理念引领、建章立制、统筹推进，生态保护治理成效显著，充分彰显我们党对治水规律的认识与把握达到了新高度。大江大河以水为纽带，连接上下游、左右岸、干支流，形成经济社会大系统，至今仍是连接丝绸之路经济带和21世纪海上丝绸之路的重要纽带。"黄河流域省份2018年底总人口4.2亿，占全国30.3%；地区生产总值23.9万亿元，占全国26.5%。"② 加强长江、黄河等大江大河和重要湖泊湿地生态保护治理，通过点上的实质性突破带动面上的整体性推进，有利于促进经济社会发展全面绿色转型，推动生态文明建设实现新进步。

---

① 《习近平著作选读》第1卷，人民出版社，2023，第19页。
② 习近平：《在黄河流域生态保护和高质量发展座谈会上的讲话》，《求是》2019年第20期。

结　语

　　黄河作为流经九省区的中华民族文明象征，凝聚了中国人民深厚的文化情感，对促进民族团结有重要意义；而《人民日报》作为中共中央机关报，是提升民族凝聚力的工具，在宣传党的纲领、路线和政策，建构民族共同体方面具有突出作用。1948年到2023年75年间，中国共产党按照不同政治诉求，利用党报塑造多样的黄河形象，凝练与凸显了黄河民族文化基因与精神，为中华民族共同体的建构、中华优秀传统文化的传承提供强有力的精神支撑。

　　黄河是中华民族的母亲河，在中华民族的历史文化中具有强烈的象征性，是中华民族坚定文化自信的重要根基。中国共产党从诞生之日起，对作为中华民族母亲河的黄河始终保持关注，将其作为重要的精神象征。研究《人民日报》报道中黄河形象的建构，对传播黄河精神、为黄河国家战略提供理论支撑、推进黄河生态高质量发展具有重要意义。

　　本书以《人民日报》视角下的黄河形象为研究对象，从时间、空间、内容等角度分析黄河形象变化的趋势，探索黄河形象变化的线索。同时，探究黄河形象变化的根源，以及黄河形象变迁对加强民族团结、铸牢中华民族共同体意识的重要意义。

结 语

《人民日报》的报道将黄河作为稳定生产与发展经济的重要命脉，为群众提供黄河灾害信息，提高群众风险防范意识和应对能力，保障黄河沿岸的生产与生活，强调黄河流域在保障国家安全方面的重要作用。新中国成立前《人民日报》以发展的眼光看黄河，针对黄河决堵口事件，与国民党报纸建构的"灾河"形象相抗争；新中国成立后《人民日报》突出"资源黄河"的形象，深入挖掘黄河的资源利好；当前造福人民的"幸福河"是黄河形象的主流。《人民日报》用黄河意象展现中华民族源远流长的历史和中国人民敢于斗争的伟大精神，以此团结大众、鼓舞士气，实现历史与现实之间的联结；将黄河形象以艺术化、大众化的手段进行具体展现，增强报纸内容的心理接近性与文化接近性，实现群众与媒介之间的联结。

黄河文化是中华文明的重要组成部分，是中华民族的根和魂。实践证明，在千百年历史积淀中形成的黄河形象承载着中华民族的品格基因，是中华民族凝聚磅礴力量勇往直前的不竭动力源泉。当前黄河工作依旧在有条不紊地进行，从推进黄河国家文化公园建设，到《黄河保护法》正式生效施行，从把生态文明建设纳入"五位一体"总体布局，到把"绿水青山就是金山银山"写入党的十九大报告和党章……《人民日报》积极宣传党的方针政策，引导公众行为，宣扬坚持正确政绩观，准确把握保护和发展的关系，统筹发展和安全两件大事。在黄河问题上，继续推进黄河文化遗产的系统保护，深入挖掘黄河文化蕴含的时代价值，讲好"黄河故事"，延续历史文脉，坚定文化自信，这是《人民日报》持之以恒的报道理念。

参考文献

重要文献

《党的十九届六中全会〈决议〉学习辅导百问》,党建读物出版社、学习出版社,2021。

《邓小平文选》第3卷,人民出版社,1993。

《列宁选集》(1—4卷),人民出版社,2012。

《马克思恩格斯选集》第1卷,人民出版社,2012。

《习近平关于实现中华民族伟大复兴的中国梦论述摘编》,中央文献出版社,2013。

专著与译著

北京市新闻工作者协会编,梅宁华、支庭荣主编《中国媒体融合发展报告(2019)》,社会科学文献出版社,2019。

常昌富、李依倩编选《大众传播学:影响研究范式》,关世杰等译,中国社会科学出版社,2000。

陈曙光:《大国复兴》,人民日报出版社,2017。

〔德〕阿莱达·阿斯曼:《回忆空间:文化记忆的形式和变迁》,潘璐译,北京大学出版社,2016。

〔德〕哈贝马斯:《作为"意识形态"的技术与科学》,李黎、郭官义译，学林出版社，1999。

〔德〕威廉·冯·洪堡：《论国家的作用》，林荣远、冯兴元译，中国社会科学出版社，1998。

〔德〕扬·阿斯曼：《文化记忆：早期高级文化中的文字、回忆和政治身份》，金寿福、黄晓晨译，北京大学出版社，2015。

邓正来、〔英〕J. C. 亚历山大编《国家与市民社会：一种社会理论的研究途径》，中央编译出版社，1998。

丁淦林编著《中国新闻事业史》，高等教育出版社，2002。

〔法〕阿尔都塞：《哲学与政治》，陈越译，吉林人民出版社，2010。

〔法〕亨利·列斐伏尔：《马克思的社会学》，谢永康、毛林林译，北京师范大学出版社，2012。

〔法〕莫里斯·哈布瓦赫：《论集体记忆》，毕然、郭金华译，上海人民出版社，2002。

〔法〕让·鲍德里亚：《消费社会》，刘成富、全志刚译，南京大学出版社，2014。

方汉奇、陈业劭主编《中国当代新闻事业史（1949—1988）》，新华出版社，1992。

方汉奇主编《中国新闻事业编年史》，福建人民出版社，2000。

风笑天：《社会学研究方法》，中国人民大学出版社，2009。

郭冰茹：《人民音乐家—冼星海》，广东人民出版社，2009。

郭于华主编《仪式与社会变迁》，社会科学文献出版社，2000。

韩震：《大国话语》，人民日报出版社，2017。

《胡乔木谈新闻出版》编写组编《胡乔木谈新闻出版》，人民出版社，1999。

黄旦：《传者图像：新闻专业主义的建构与消解》，复旦大学出版社，2005。

黄河水利委员会黄河志总编辑室编《黄河大事记》，黄河水利出版社，2001。

黄宗良、林勋健主编《经济全球化与中国特色社会主义》，北京大学出版社，2005。

郎劲松、初广志编著《传媒伦理学导论》，浙江大学出版社，2007。

李路路、王奋宇：《当代中国现代化进程中的社会结构及其变革》，浙江人民出版社，1992。

李希光：《畸变的媒体》，复旦大学出版社，2003。

李希光等：《妖魔化中国的背后》，中国社会科学出版社，1996。

李庄：《人民日报风雨四十年》，人民日报出版社，1993。

刘艾玉编著《劳动社会学教程》，北京大学出版社，1999。

刘家林：《新中国新闻传播60年长编（1949—2009）》上册，暨南大学出版社，2011。

刘家林：《新中国新闻传播60年长编（1949—2009）》下册，暨南大学出版社，2011。

刘建明主编《宣传舆论学大辞典》，经济日报出版社，1993。

刘燕：《媒介认同论：传播科技与社会影响互动研究》，中国传媒大学出版社，2009。

刘赞：《党报生存环境研究》，河北大学出版社，2014。

罗国杰：《传统伦理与现代社会》，中国人民大学出版社，2017。

罗国杰主编《伦理学》，人民出版社，2014。

罗以澄、吕尚彬：《中国社会转型下的传媒环境与传媒发展》，武汉大学出版社，2010。

参考文献

马克思主义新闻观教学团队编写,童兵主编《马克思主义新闻观读本》,复旦大学出版社,2016。

〔美〕保罗·康纳顿:《社会如何记忆》,纳日碧力戈译,上海人民出版社,2000。

〔美〕本尼德克特·安德森:《想象的共同体:民族主义的起源与散布》,吴叡人译,上海人民出版社,2004。

〔美〕大卫·科泽:《仪式、政治与权力》,王海洲译,江苏人民出版社,2014。

〔美〕盖伊·塔奇曼:《做新闻》,麻争旗、刘笑盈、徐扬译,华夏出版社,2008。

〔美〕哈罗德·D.拉斯韦尔:《政治学:谁得到什么?何时和如何得到?》,商务印书馆,1992。

〔美〕哈罗德·拉斯韦尔:《社会传播的结构与功能》,何道宽译,中国传媒大学出版社,2013。

〔美〕赫伯特·甘斯:《什么在决定新闻》,石琳、李红涛译,北京大学出版社,2009。

〔美〕杰弗瑞·戈比:《21世纪的休闲与休闲服务》,张春波、陈定家、刘风华译,马惠娣校译,云南人民出版社,2000。

〔美〕罗伯特·A.达尔、布鲁斯·斯泰恩布里克纳:《现代政治分析》,吴勇译,中国人民大学出版社,2012。

〔美〕穆盛博:《洪水与饥荒:1938至1950年河南黄泛区的战争与生态》,亓民帅、林炫羽译,九州出版社,2020。

〔美〕塞缪尔·P.亨廷顿:《第三波:20世纪后期的民主化浪潮》,欧阳景根译,中国人民大学出版社,2012。

〔美〕斯蒂芬·李特约翰:《人类传播理论》,史安斌译,清华大学出版社,2004。

〔美〕苏·卡利·詹森:《批判的传播理论:权力、媒介、社会性别和科技》,曹晋主译,复旦大学出版社,2007。

〔美〕威尔伯·施拉姆、威廉·波特:《传播学概论》,何道宽译,中国人民大学出版社,2010。

〔美〕沃尔特·李普曼:《公众舆论》,阎克文、江红译,上海人民出版社,2006。

〔美〕沃尔特·李普曼:《舆论学》,林珊译,华夏出版社,1989。

〔美〕詹姆斯·R. 汤森、布兰特利·沃马克:《中国政治》,顾速、董方译,江苏人民出版社,2003。

〔美〕詹姆斯·W. 凯瑞:《作为文化的传播》,丁未译,华夏出版社,2005。

〔美〕詹姆斯·保罗·吉:《话语分析导论:理论与方法》,杨炳钧译,重庆大学出版社,2011。

齐爱军:《社会转型期中国主流媒体发展路径分析》,山东人民出版社,2013。

邵云红:《党报版面研究》,人民日报出版社,2014。

《史记》卷八七,《李斯列传》,中华书局,1959。

苏长和:《大国治理》,人民日报出版社,2017。

孙立平:《断裂:20世纪90年代以来的中国社会》,社会科学文献出版社,2003。

孙燕君编著《报业中国》,中国三峡出版社,2002。

童兵:《马克思主义新闻学经典教程》,复旦大学出版社,2009。

童兵、陈绚主编《新闻传播学大辞典》,中国大百科全书出版社,2014。

王明珂:《华夏边缘:历史记忆与族群认同》,社会科学文献出版社,2006。

王武录主编《十四大以来〈人民日报〉版面研究》,中国传媒大学出版社,2006。

王义桅:《大国担当》,人民日报出版社,2017。

王颖、折晓叶、孙耀炳:《社会中间层:改革与中国的社团组织》,中国发展出版社,1993。

王咏赋:《报纸版面学》,人民日报出版社,2001。

吴国盛:《时间的观念》,中国社会科学出版社,1996。

吴廷俊:《中国新闻史新修》,复旦大学出版社,2008。

辛鸣:《大国核心》,人民日报出版社,2017。

〔意〕安东尼奥·葛兰西:《狱中札记》,曹雷雨、姜丽、张跣译,河南大学出版社,2014。

〔英〕埃里克·霍布斯鲍姆:《民族与民族主义》,李金梅译,上海人民出版社,2006。

〔英〕厄内斯特·盖尔纳:《民族与民族主义》,韩红译,中央编译出版社,2002。

〔英〕马修·基兰:《媒体伦理》,张培伦、郑佳瑜译,南京大学出版社,2009。

〔英〕斯图尔特·霍尔编,周宪、许钧主编《表征——文化表象与意指实践》,商务印书馆,2002。

〔英〕约翰·哈萨德:《时间社会学》,朱红文、李捷译,北京师范大学出版社,2008。

俞吾金:《意识形态论》,人民出版社,2009。

喻国明:《中国新闻业透视:中国新闻改革的现实动因和未来走向》,河南人民出版社,1993。

展江主编《中国社会转型的守望者》,中国海关出版社,2002。

张裕亮:《变迁中的中国大陆报业制度图像》,晶典文化事业出版社，2006。

赵鼎新：《社会与政治运动讲义》，社会科学文献出版社，2011。

中国社会科学院新闻研究所编《中国共产党新闻工作文件汇编》（上册），新华出版社，1980。

中国社会科学院新闻研究所编《中国共产党新闻工作文件汇编》（下册），新华出版社，1980。

中国社会科学院新闻研究所世界新闻研究室：《传播学（简介）》，人民日报出版社，1983。

期刊文章

《2003年防汛抗旱大事记（一）》，《防汛与抗旱》2003年第1期。

《2006年全国洪涝和滑坡泥石流灾害情况》，《中国减灾》2007年第2期。

《2017年10—11月全国防汛抗旱工作要情及汛情》，《中国防汛抗旱》2017年第6期。

白志如、张智妍：《他者视角对黄河形象的建构——基于纪录片〈中国黄河源之旅〉的叙事研究》，《新闻爱好者》2021年第3期。

鲍梦隐：《阻敌与救灾：黄河掘堤之后国民政府的应对》，《抗日战争研究》2021年第4期。

本刊编辑部：《新中国防洪50年》，《防汛与抗旱》1999年第3期。

柴小羽、赵珍：《黄河文化对中华文明的影响及其在当今社会的传播》，《新闻爱好者》2021年第7期。

常伟、李振夏：《中国共产党在黄河堵口复堤过程中的作为与抗争》,《西部学刊》2022 年第 6 期。

陈国权:《2017 中国报业发展报告》,《编辑之友》2018 年第 2 期。

陈力丹:《议程设置理论简说》,《当代传播》1999 年第 3 期。

陈卫星、段磊磊:《〈黄河大合唱〉在新民主主义革命时期的社会传播考释——文本扩散的出版节点与文化领导权》,《现代出版》2021 年第 2 期。

陈银太、张末、杨会颖等:《2019—2020 年度黄河凌情及防御措施》,《中国防汛抗旱》2020 年第 5 期。

陈振华:《集体记忆研究的传播学取向》,《国际新闻界》2016 年第 4 期。

邓绍根:《"党八股"概念的来源与变迁——兼谈马克思主义文风建设的要求》,《新闻记者》2018 年第 11 期。

邓绍根、罗诗婷:《与时俱进 与党同心 与民同行——新中国成立 70 年马克思主义新闻观的创新发展》,《新闻与写作》2019 年第 10 期。

丁柏铨:《略论"三农"报道及"三农"报道研究——兼评夏雨禾〈改革开放以来《人民日报》"三农"议程设置研究〉》,《当代传播》2010 年第 2 期。

丁柏铨、彭婷:《60 年来马克思主义新闻思想研究评析》,《西南民族大学学报》(人文社科版)2010 年第 1 期。

丁华东:《昔日重现:论档案建构社会记忆的机制》,《档案学研究》2014 年第 5 期。

范红娟、高季晨《新闻报道中黄河形象的动态建构——以河南日报相关报道为例》,《新闻战线》2021 年第 5 期。

范映渊、詹小美:《媒介化生存场域中的中国梦认同培育》,

《北方民族大学学报》（哲学社会科学版）2018年第4期。

费虹寰：《毛泽东〈在延安文艺座谈会上的讲话〉》，《党的文献》2011年第6期。

高蕊：《记忆中的伤痛：阶级建构逻辑下的集体认同与抗战叙事》，《社会》2015年第3期。

龚新琼：《新闻与记忆：回归媒体记忆研究的核心议题》，《新闻界》2017年第11期。

郭卫宁、范国庆：《2021—2022年度凌汛期黄河下游未流凌成因分析》，《中国防汛抗旱》2022年第S1期。

郭镇之：《关于大众传播的议程设置功能》，《国际新闻界》1997年第3期。

国家防办：《2011年全国洪涝灾害情况》，《中国防汛抗旱》2012年第1期。

韩丽华：《中国梦的中国哲学基础探究》，《湖北社会科学》2018年第12期。

韩庆祥：《解释方位 思维方向 实现方式 中国梦背景、实质与内涵》，《人民论坛》2013年第16期。

韩喜平、巩瑞波：《中国梦：现代化的中国智慧与中国贡献》，《马克思主义研究》2018年第12期。

韩运荣、黄田园：《我国通货膨胀问题的舆论调控研究——以〈人民日报〉2007—2008年的相关报道为例》，《现代传播》2010年第1期。

韩作强、梁聪聪、朱春子：《2018—2019年度黄河宁蒙河段凌情特点分析》，《中国防汛抗旱》2020年第5期。

韩作强、王旭东、芦璐：《2017—2018年度黄河下游凌情特点及分析》，《中国防汛抗旱》2018年第12期。

郝宪印、邵帅：《黄河流域生态保护和高质量发展的驱动逻辑与实现路径》，《山东社会科学》2022年第1期。

侯鹏云：《壮大主流舆论讲好黄河故事——基于〈三门峡日报〉重大主题报道的分析》，《中国地市报人》2020年第10期。

胡国胜：《建国60年来党的纪念活动的基本经验》，《重庆社会科学》2009年第10期。

胡栓：《抗战时期中国共产党"借口说话"宣传策略研究》，《新闻爱好者》2017年第8期。

胡为雄：《论毛泽东的宣传与新闻思想——以〈毛泽东新闻工作文选〉为例》，《毛泽东研究》2016年第4期。

胡为雄：《毛泽东的舆论宣传与新闻思想》，《湖北经济学院学报》2013年第5期。

胡正强：《毛泽东辩证新闻思想论略》，《新闻界》2005年第4期。

黄承梁：《推动黄河流域生态保护和高质量发展》，《红旗文稿》2022年第8期。

黄承梁、马军远、魏东等：《中国共产党百年黄河流域保护和发展的历程、经验与启示》，《中国人口·资源与环境》2022年第8期。

黄峰、可素娟：《2014年黄河流域旱情及抗旱工作启示》，《中国防汛抗旱》2014年第5期。

黄顺铭、李红涛：《在线集体记忆的协作性书写——中文维基百科"南京大屠杀"条目（2004—2014）的个案研究》，《新闻与传播研究》2015年第1期。

贾奎林：《政治与学术的对话——毛泽东新闻思想传播学概述》，《新闻知识》2005年第8期。

贾奎林：《作为把关人的"政治家办报"——毛泽东新闻思想传播学阐述》，《廊坊师范学院学报》2005年第4期。

焦丹、苏铭：《黄河文化国际传播话语体系构建与实践路径探索》，《新闻爱好者》2022年第1期。

荆学民：《探索中国政治传播的新境界》，《中国人民大学学报》2016年第4期。

孔宪铎、王登峰：《基因与文化》，《东岳论丛》2010年第2期。

兰夕雨、陈金龙：《中国共产党政治话语的演进：从"革命"、"继续革命"到"改革"》，《中国特色社会主义研究》2014年第1期。

乐媛、周晓琪：《社会运动中的社交媒体动员与媒介间议程设置效应：以台湾地区"反服贸学运"为例》，《国际新闻界》2019年第6期。

李传兵、余乾申：《试论长征精神与中国梦的契合性》，《学校党建与思想教育》2017年第24期。

李红涛、黄顺铭：《新闻生产即记忆实践——媒体记忆领域的边界与批判性议题》，《新闻记者》2015年第7期。

李惠子：《民族·革命·记忆——20世纪"渡黄河"的图像策略与内涵表征》，《美术》2020年第7期。

李敬：《黄河文化的三个价值维度》，《中共郑州市委党校学报》2020年第2期。

李良荣：《十五年来新闻改革的回顾与展望》，《新闻大学》1995年第1期。

李良荣、林晖：《垄断、自由竞争与垄断竞争：当代中国新闻媒介集团化趋向透析》，《新闻大学》1999年第2期。

李万锦：《略论七大确立毛泽东思想为全党指导思想的历史局

限》,《中共党史研究》1989年第3期。

李旭东、李力翔、张末:《内蒙古黄河防凌工程调度措施及建议》,《中国防汛抗旱》2015年第6期。

李泽厚:《我的选择》,《文史哲》1985年第5期。

刘昌明:《对黄河流域生态保护和高质量发展的几点认识》,《人民黄河》2019年第10期。

刘习良:《五十年的发展 二十年的改革》,《中国广播电视学刊》1999年第8期。

刘小勇:《让黄河成为造福人民的幸福河》,《红旗文稿》2024年第5期。

刘亚秋:《从集体记忆到个体记忆:对社会记忆研究的一个反思》,《社会》2010年第5期。

陆大道、孙东琪:《黄河流域的综合治理与可持续发展》,《地理学报》2019年第12期。

骆郁廷、史姗姗:《话语权视域下的中国梦》,《湖北大学学报》(哲学社会科学版)2014年第4期。

马啸、闫淑春:《2011年6~7月汛情、旱情、灾情》,《中国防汛抗旱》2011年第4期。

苗遂奇:《不忘初心、牢记使命的时代价值》,《红旗文稿》2018年第2期。

倪延年:《抗战前后共产党新闻宣传口径的历史性转折与启示》,《现代传播》2017年第12期。

宁朝山、李绍东:《黄河流域生态保护与经济发展协同度动态评价》,《人民黄河》2020年第12期。

潘忠党:《新闻改革与新闻体制的改造:我国新闻改革实践的传播社会学之探讨》,《新闻与传播研究》1997年第3期。

潘忠党、陈韬文：《从媒体范例评价看中国大陆新闻改革中的范式转变》，《新闻学研究》（台湾）2004年总第78期。

庞金友：《面对大变局时代的政治传播：革新、议题与趋势》，《新闻与传播评论》2019年第5期。

钱辛波：《新闻理论研究的十年回顾》（上），《新闻与写作》1986年第11期。

钱辛波：《新闻理论研究的十年回顾》（下），《新闻与写作》1986年第12期。

秦汛：《94全国洪涝灾害知多少》，《陕西水利》1995年第2期。

任保平、杜宇翔：《黄河中游地区生态保护和高质量发展战略研究》，《人民黄河》2021年第2期。

任保平、张倩：《黄河流域高质量发展的战略设计及其支撑体系构建》，《改革》2019年第10期。

阮观荣：《新闻改革的新阶段的主要标志和任务——新闻改革新阶段浅谈（一）》，《声屏世界》1998年第10期。

沈大军、阿丽古娜、陈琛：《黄河流域水权制度的问题、挑战和对策》，《资源科学》2020年第1期。

慎之：《议程设置研究第一人——记马克斯韦尔·麦考姆斯博士》，《新闻与传播研究》1996年第3期。

史安斌：《加强和改进中国政治文明的对外传播：框架分析与对策建议》，《新闻战线》2017年第13期。

孙大力：《党史分期与进入历史新时期的标志》，《中共党史研究》2001年第1期。

孙璐：《铸牢中华民族共同体意识背景下黄河文化大IP传播研究》，《新闻爱好者》2024年第6期。

孙胜杰：《民族复兴与"黄河"影像话语的建构》，《电影文学》2020年第16期。

孙五三：《批评报道作为治理技术——市场转型期媒介的政治—社会运作机制》，《新闻与传播评论》2002年辑刊。

谭笑凤：《简论毛泽东的新闻思想和实践》，《新闻爱好者》2009年第8期。

唐绪军：《报业经营的探索和改革——新中国的报业经营》，《新闻战线》1999年第10期。

滕翔、魏向阳：《2009~2010年度黄河防凌工作回顾》，《中国防汛抗旱》2010年第5期。

童兵：《报纸：经济基础通过新闻手段的反映——毛泽东新闻思想要点之一》，《新闻与写作》1993年第6期。

童兵：《传达政令：新闻媒介的主要功能——毛泽东新闻思想要点之二》，《新闻与写作》1993年第7期。

童兵：《对宣传对象不可没有调查研究——毛泽东新闻思想要点之七》，《新闻与写作》1994年第1期。

童兵：《生动活泼新鲜有力的新文风——毛泽东新闻思想要点之九》，《新闻与写作》1994年第3期。

童兵：《宣传策略与宣传艺术——毛泽东新闻思想要点之八》，《新闻与写作》1994年第2期。

童兵：《要有出色的编辑和记者——毛泽东新闻思想要点之十》，《新闻与写作》1994年第4期。

童兵：《要政治家办报——毛泽东新闻思想要点之六》，《新闻与写作》1993年第12期。

童兵：《依靠全党和全体人民群众办报——毛泽东新闻思想要点之三》，《新闻与写作》1993年第8期。

童兵：《又要有大方向 又要新鲜活泼——毛泽东新闻思想要点

之五》,《新闻与写作》1993年第10期。

童兵:《舆论:对敌人一律对人民不一律——毛泽东新闻思想要点之四》,《新闻与写作》1993年第9期。

童浩麟、秦傅:《新闻改革:实践与实际》,《新闻战线》1998年第11期。

万京华:《毛泽东与新中国的新闻事业》,《百年潮》2014年第1期。

王杰、王真:《中国悲剧人文主义的核心观念及其当代意义——为纪念冼星海〈黄河大合唱〉创作80周年而作》,《湖北大学学报》(哲学社会科学版)2019年第3期。

王南湜:《中国梦:社会主义核心价值观之"纲"、"极"》,《江汉论坛》2018年第8期。

王鹏、靳莉君、刘静:《2021年黄河中游秋汛及天气形势分析》,《中国防汛抗旱》2023年第4期。

王润泽:《重塑党报:〈解放日报〉改版深层动力之探析》,《国际新闻界》2009年第4期。

王喜成、杨贵生:《试论1946—1947年关于黄河花园口堵口问题国共双方的斗争》,《中州学刊》1989年第3期。

魏成阶、王世新、阎守邕、刘亚岚:《1998年全国洪涝灾害遥感监测评估的主要成果——基于网络的洪涝灾情遥感速报系统的应用》,《自然灾害学报》2000年第2期。

魏向阳、董健:《2022年黄河流域水旱灾害防御工作》,《中国防汛抗旱》2022年第12期。

魏向阳、杨会颖、孔纯胜等:《2021年黄河秋汛洪水调度实践》,《中国防汛抗旱》2022年第4期。

魏向阳、赵龙:《2021年黄河流域水旱灾害防御工作回顾》,

《中国防汛抗旱》2021年第12期。

魏晓阳、侯雪彤：《黄河文化传播的现实困境与创新路径》，《理论月刊》2022年第8期。

夏雨禾：《改革开放以来〈人民日报〉的"三农"议程设置》，《当代传播》2009年第4期。

谢占有、周毓鹍：《2012年黄河内蒙古河段汛情及抗洪抢险》，《中国防汛抗旱》2015年第1期。

邢祥、邢军：《新时代黄河文化传播创新路径研究》，《新闻爱好者》2020年第3期。

徐惟诚：《提高思想水平，改进宣传艺术：——在全国晚报总编辑研讨班上的讲话》，《新闻战线》1991年第3期。

许纪霖：《共和爱国主义与文化民族主义——现代中国两种民族国家认同观》，《华东师范大学学报》（哲学社会科学版）2006年第4期。

薛秀军、常培文：《"中国梦与中国精神"理论研讨会综述》，《道德与文明》2018年第3期。

闫淑春：《2008年全国洪涝灾情》，《中国防汛抗旱》2009年年第1期。

闫淑春：《2009年全国洪涝灾情》，《中国防汛抗旱》2010年第1期。

闫淑春：《2012年全国洪涝灾害情况》，《中国防汛抗旱》2013年第1期。

闫淑春：《2013年全国洪涝灾情》，《中国防汛抗旱》2014年第1期。

杨珂、郝文杰：《全媒体时代防汛报道如何提升传播力——从〈黄三角早报〉黄河防汛报道实践谈起》，《全媒体探索》

2021 年第 3 期。

杨升全、张玉初：《90 年代黄河下游凌情特点分析》，《防汛与抗旱》2000 年第 2 期。

杨素云：《黄河档案中的"母亲河"意象与"民族象征"意蕴》，《档案管理》2022 年第 3 期。

虞崇胜：《领导党和执政党双重角色的准确定位》，《江苏社会科学》2003 年第 6 期。

喻国明：《中国传媒业的发展模式与规则再造》，《北京社会科学》2003 年第 1 期。

展江：《新闻宣传异同论》，《中国青年政治学院学报》1999 年第 1 期。

张家军、刘志勇、刘彦娥：《黄河洪水测报存在的问题及对策分析》，《中国防汛抗旱》2015 年第 1 期。

张昆：《论毛泽东新闻思想体系》，《新闻与传播研究》1994 年第 1 期。

张昆：《毛泽东的十大宣传策略》，《现代传播》1990 年第 2 期。

张末、张兴红、朱信华、杨会颖：《2016—2017 年度黄河凌情与水库防凌调度回顾》，《中国防汛抗旱》2017 年第 6 期。

张启承：《一花引来百花开》，《新闻记者》1999 年第 2 期。

张威、文飞：《媒体的尴尬——花园口决堤虚假报道68周年回眸》，《国际新闻界》2006 年第 6 期。

张裕亮：《从党国化到集团化——大陆报业结构变革分析》，《东亚研究》2005 年第 1 期。

赵鼎新：《集体行动、搭便车理论与形式社会学方法》，《社会学研究》2006 年第 1 期。

赵继娣、单琦：《突发危机事件下多元参与主体的微博议程设置研究——以"东方之星"沉船事故为例》,《电子政务》2017 年第 5 期。

郑保卫:《论毛泽东新闻思想的历史地位》,《当代传播》2011 年第 3 期。

郑保卫:《马克思主义新闻观的形成与特点》,《中国记者》2001 年第 5 期。

郑保卫:《努力学习和实践马克思主义新闻思想》,《采写编》2004 年第 1 期。

周劲:《转型期中国传媒制度变迁的经济学分析——以报业改革为案例》,《现代传播》2005 年第 1 期。

周小苑、岳小乔:《习近平的黄河足迹》,《决策探索》(上) 2019 年第 10 期。

周忠元、赵光怀:《"中国梦"的话语体系构建和全民传播——兼论宏大叙事与平民叙事的契合与背反》,《江西社会科学》2014 年第 3 期。

朱伟利:《刍议黄河文化的内涵与传播》,《新闻爱好者》2020 年第 1 期。

学位论文

安彬彬:《〈河南日报〉关于黄河报道的分析(2000—2009)》,硕士学位论文,华中科技大学,2011。

李怡然:《黄河专题新闻报道的生态话语分析》,硕士学位论文,西北师范大学,2022。

秦良杰:《"影像文革"与集体记忆:新时期电影中的文革叙事研究》,硕士学位论文,苏州大学,2015。

邵鹏:《媒介作为人类记忆的研究——以媒介记忆理论为视

角》,博士学位论文,浙江大学,2014。

王景瀚:《毛泽东新闻实践与新闻理论研究》,硕士学位论文,中国社会科学院,2003。

王晓梅:《1956年〈人民日报〉改版探源》,博士学位论文,复旦大学,2005。

王艳明:《纪录片中黄河形象的呈现研究》,硕士学位论文,河南财经政法大学,2022。

张燚:《宣传:政党领导的合法性建设——以中国共产党为研究对象》,博士学位论文,复旦大学,2010。

图书在版编目(CIP)数据

黄河形象的建构与变迁：以《人民日报》黄河报道为例 / 张一真著. --北京：社会科学文献出版社，2024.11. --ISBN 978-7-5228-4675-0

Ⅰ.K292

中国国家版本馆 CIP 数据核字第 2024VS1675 号

黄河形象的建构与变迁：以《人民日报》黄河报道为例

著　　者 / 张一真

出 版 人 / 冀祥德
组稿编辑 / 周　琼
责任编辑 / 王小艳
责任印制 / 王京美

出　　版 / 社会科学文献出版社·马克思主义分社（010）59367126
　　　　　 地址：北京市北三环中路甲29号院华龙大厦　邮编：100029
　　　　　 网址：www.ssap.com.cn
发　　行 / 社会科学文献出版社（010）59367028
印　　装 / 三河市东方印刷有限公司

规　　格 / 开　本：889mm×1194mm　1/32
　　　　　 印　张：8　字　数：185千字
版　　次 / 2024年11月第1版　2024年11月第1次印刷
书　　号 / ISBN 978-7-5228-4675-0
定　　价 / 79.00元

读者服务电话：4008918866

版权所有 翻印必究